Bernard Raquin

Maîtrisez vos scénarios de croyances

jouvence
EDITIONS

Du même auteur aux Éditions Jouvence

Les styles de personnalité, 2004
La réconciliation, 2003
Ne plus se laisser manipuler, 2003
Pratique de l'auto-hypnose, 2002

Collection Pratiques Jouvence

La compassion pour seul bagage, Rosette Poletti & Barbara Dobbs, 2004
Les émotions, mode d'emploi, Christel Petitcollin, 2003
Scénario de vie gagnant, Christel Petitcollin, 2003
La Communication NonViolente au quotidien, Marshall B. Rosenberg, 2003
La réponse apaisante au stress, Vito Mariano Cancelliere & Francis de Riba, 2003
Repères pour un monde meilleur, M. & Ph. Olivetti, 2002
Donner du sens à sa vie, R. Poletti & B. Dobbs, 2002
La résilience, R. Poletti & B. Dobbs, 2001
Le bonheur, ça s'apprend, Pierre Pradervand, 2001
Développer le meilleur de soi-même, Olivier Nunge & Simonne Mortera, 2000
L'estime de soi, R. Poletti & B. Dobbs, 1998
Croire en soi, Marie-France Muller, 1997

Catalogue Jouvence gratuit sur simple demande.

ÉDITIONS JOUVENCE
Suisse : CP 184, CH-1233 Genève-Bernex
France : BP 7, F-74161 Saint Julien-en-Genevois CEDEX
Site internet : **www.editions-jouvence.com**
E-mail : info@editions-jouvence.com

Maquette & mise en pages : Éditions Jouvence
Dessin de couverture : Jean Augagneur

ISBN 2-88353-360-1

Sommaire

Acquérir ou développer des croyances gagnantes, un processus accessible

RIEN NE SEMBLE plus évident que les croyances. La plupart du temps, nous nous sentons capables de les identifier. Nous pensons les connaître, les diriger, pouvoir les modifier à volonté. On imagine mal à quel point elles peuvent nous orienter, nous faire agir et réagir… avec ou sans notre consentement. Nous les confondons parfois avec les opinions, les idées, les jugements, voire les préjugés, les évidences naturelles. Forgées dès le plus jeune âge par différentes expériences inévitables, nos croyances ne sont plus séparées de la réalité. Nos croyances sont la réalité.

Certaines expériences de croissance sont douloureuses, d'autres enthousiasmantes. Les plus marquantes nous inciteront à croire telle chose plutôt que telle autre. Mais entre l'événement marquant et la croyance se trouve la *décision* de croire. Nous y reviendrons.

Si l'on ne vit pas de bouleversements très marquants, nos croyances sont maintenues et renforcées, souvent à notre insu. L'ensemble forme un filtre qui nous limite, mais aussi nous aide à vivre et nous permet de nous épanouir. Cela constitue une interprétation permanente de la réalité, devenue notre identité, notre vérité, un ensemble d'évidences, de faits.

Il est passionnant d'examiner de vieilles croyances, devenues fausses avec le temps, et qui, pourtant, continuent d'agir en sourdine. Certaines nous sclérosent et nous intoxiquent en freinant notre expansion, en nous maintenant dans des comportements dépassés. D'autres nous font renoncer près du but, comme si nous redoutions la victoire. D'autres encore nous rendent trop téméraires ou insouciants. Et celles que nous préférons nous stimulent, nous donnent de l'énergie et égaient la vie.

Quelques exercices permettront de les élargir. Après les avoir identifiées, en avoir compris la structure et le mode de fonctionnement, il devient possible d'en faire des alliées, des réserves de puissance au quotidien. Ainsi, les croyances ne sont plus des grilles figées qui nous anesthésient dans la routine, mais des forces agissantes.

Vous avez remarqué que certaines personnes répètent souvent les mêmes phrases négatives, qui leur enlèvent leur force. Quoi qu'on leur dise, elles fournissent automatiquement des réponses limitantes. Si une opportunité se présente, elles préfèrent ne pas la voir ou considérer que c'est « pour les autres ». La vie est une suite d'épreuves et de misères, en attendant la délivrance du néant.

Quand on les écoute, on a l'impression d'un juke-box déréglé, qui lance les mêmes disques rayés. L'action semble inutile et la vie figée dans un tableau poisseux qui n'évolue plus. On est écrasé, impuissant, et on a envie de fuir.

Qu'est-ce qui pousse quelqu'un à considérer que tout est inutile et que les choses dépendent du hasard de la naissance ou de la fatalité, et que le seul sort est de subir ?

D'autres personnes répètent souvent les mêmes phrases positives, qui augmentent leur force et les font vivre dans un monde riche et actif. À leur contact on se sent empli du plaisir de vivre. Les difficultés se réduisent et les solutions apparaissent. Les relations sont faciles et les problèmes provisoires.

Qu'est-ce qui pousse une personne à considérer que la vie offre beaucoup de chances, indépendamment de la fatalité ?

La différence ? Leurs croyances, bien sûr. Chacun a en lui un peu de ces personnes, parfois un état d'esprit négatif, parfois positif. En apprenant à agir sur ses croyances, vous allez faire grandir la partie positive.

Il est rare qu'un sportif, par exemple, réussisse un exploit sans y croire. En revanche, il existe des centaines d'exemples de sportifs qui, après avoir cru que tel record était possible, l'ont réalisé. D'ailleurs, les « grands hommes », ceux qui ont marqué l'humanité pour le meilleur et pour le pire, sont ceux qui avaient les croyances les plus fortes.

Ces phrases, que chacun se répète tout bas ou dont il assomme les autres, ne sont pas venues par hasard. Elles ont, évidemment, été apprises dans l'enfance lors d'un long apprentissage. Répétées, martelées, devenues vraies.

Expériences universelles et gestation des croyances

LES EXPÉRIENCES UNIVERSELLES, inévitables, sont liées à la réussite (apprendre à marcher, à parler, réussir à être nourri ou câliné quand on en a besoin, etc.) et à l'échec (tomber, se tromper, balbutier, casser des objets, etc.). Nous étions maladroits, timides, ignorants et sans expérience. Il a fallu faire confiance, apprendre à obtenir, apprendre la frustration, le manque, la résignation et les récompenses. Il a fallu comprendre que nous n'étions pas le centre du monde, à travers d'innombrables petits événements qui ont servi de base à la germination de nos croyances.

Si les parents font confiance et encouragent, l'expérience est intégrée. Et une croyance épanouissante agira dans l'ombre, pour soutenir et orienter. Les pensées déclenchantes seront :

« Au fond, ce n'est pas si difficile, il suffit de persévérer pour y arriver. »

Si les parents répriment inutilement ou humilient, l'expérience sera refoulée, mais associée à une émotion déplaisante invisible. Et c'est cette émotion qui restera consciente, associée à des pensées déclenchantes. Par exemple, si l'enfant est maladroit et se fait régulièrement traiter d'abruti, ce qu'il retiendra c'est une émotion douloureuse, qui le fera hésiter à prendre des risques. Les pensées déclenchantes seront alors :

« Ce genre d'activités ce n'est pas pour moi, je ne suis pas habile, je ne suis pas très fort, dans mon milieu cela ne se fait pas, de toute façon chaque fois que je me lance dans quelque chose de nouveau je me fais mal… »

Ceci est d'autant plus marquant que l'enfant est avide d'amour et de sécurité. Plein d'amour, de bonne volonté, ayant peu de connaissances du monde extérieur, il est facilement blessé. Il aimerait être accepté inconditionnellement, mais les adultes l'éduquent. Il ne comprend pas toujours pourquoi on le réprime, pourquoi on lui interdit certaines choses. La plupart du temps, les événements qui ont marqué les enfants ont été oubliés par leurs parents. Bien des incidents mineurs ont donné naissance à des croyances, non pour leur impact, mais parce qu'ils se sont déroulés dans un contexte chargé… pour les enfants, et pas forcément pour les parents. Il est donc plus facile de retrouver ce qui nous a marqués en fonction de la force émotionnelle et non de leur importance relative. En d'autres termes, des détails très émotionnels peuvent être plus déterminants que des « grands événements ».

Nous allons examiner quelques expériences universelles et voir quel genre de croyances elles génèrent. Bien sûr, vérifiez par vous-même. En face de chacune des expériences ci-dessous, écrivez à quoi elles vous font penser.

✓ Que vous disait-on quand vous étiez enfant ?
✓ Que dites-vous à vos enfants (ou à ceux des voisins) dans ces circonstances ?
✓ Vaut-il mieux, pour éduquer, réprimer pour inciter l'enfant à se dépasser et éviter que les compliments l'endorment ?
✓ Ou vaut-il mieux l'encourager, en ne remarquant que ce qu'il réussit, ne le réprimant que s'il se met en danger ?

Pensez à votre petite enfance, aux instituteurs, au collège, au lycée, et mettez ces souvenirs en rapport avec des événements plus récents. Cherchez le lien entre le passé et le présent ; déterminez quel scénario psychologique vous vivez. On appelle *scénario* ce qui semble écrit depuis toujours, un mécanisme qui répète nos comportements tout au long de la vie.

Si vous n'avez pas de souvenirs, imaginez simplement ce qu'un enfant peut ressentir si on lui dit telle ou telle chose. Il n'y a pas de valeur absolue : ce qui paraît anodin à vos yeux peut sembler catastrophique aux yeux d'un autre, et inversement.

Imaginez aussi, chaque fois, la différence de réaction, si l'entourage est indulgent, amusé, ou répressif. Testez plusieurs possibilités, d'autant qu'elles sont probablement vraies : les adultes n'ont pas tous, toujours eu la même réaction devant vos comportements d'enfant. Certains étaient gentils, d'autres énervés, d'autres indifférents.

C'est ce mécanisme qui vous permettra de *réorienter vos croyances.* Vous revenez au point de départ, en vous souvenant ou en imaginant ; et vous vous offrez un nouveau choix, vous prenez une nouvelle décision, vous adoptez une croyance plus favorable.

Remonter dans le passé pour le changer semble de la science-fiction ? Pourtant nous le faisons sans cesse, réinterprétant les événements de notre vie en fonction des besoins du moment.

Inutile d'aller trop vite, mieux vaut faire avancer par paliers plutôt que de vouloir tout transformer radicalement. Par exemple, il est plus facile de passer de : « *Je ne suis pas capable d'aborder un inconnu* » à : « *De temps en temps, il m'arrivera d'aborder un inconnu* », plutôt qu'à : « *Je peux aborder un inconnu dans n'importe quelle circonstance.* » Un des principaux écueils de la méthode Coué et de la pensée positive c'est la vitesse, qui rend artificiel ce principe étonnant. On répète les choses, mais cela marche si c'est associé à une puissante émotion. Il est indispensable d'être enthousiasmé par de petits progrès et non par des bonds en avant définitifs. Il faut une représentation complète pour se projeter dans le futur, avec nos différents sens, entendre des phrases favorables, voir les approbations des autres, ressentir profondément le triomphe.

Chaque fois qu'une sensation désagréable se présente, orientez-la aussitôt vers une nouvelle expérience. Rien n'oblige à conserver des croyances, sous prétexte qu'on les a toujours eues. Les traditions peuvent évoluer.

Ainsi, vous redevenez maître du scénario de vos croyances.

Prenez quelques instants pour identifier ce que vous ressentez, en fonction des réactions de l'entourage, si vous êtes réprimandé soutenu ou rejeté ; si on en fait un drame ou si on n'y accorde pas d'importance. Ce ne sont pas les expériences qui sont marquantes, mais l'émotion qui y est associée, et c'est cette émotion qui fabrique les croyances.

✓ Tomber, trébucher : …
✓ Se faire mal, pleurer et crier : …
✓ Oublier d'être propre : …

- ✓ Se salir en public : …
- ✓ Ne pas plaire à une personne que l'on apprécie : …
- ✓ Dire des bêtises, quelque chose qu'il ne fallait pas dire : …
- ✓ Casser des objets : …
- ✓ Ne pas avoir fait ce qui était demandé : …
- ✓ Rester seul longtemps, s'ennuyer : …
- ✓ Être rejeté par ses camarades : …
- ✓ Avoir honte de soi : …
- ✓ Être fier de soi : …
- ✓ Être très malhabile dans la fabrication d'un objet : …
- ✓ Être très habile de ses doigts : …
- ✓ Être réprimandé en public : …
- ✓ Être félicité en public : …
- ✓ Utiliser un mot pour un autre : …
- ✓ Ne pas parvenir à se corriger : …
- ✓ Se fâcher avec un(e) ami(e) : …
- ✓ Ne pas comprendre quelque chose : …
- ✓ Oublier ce qu'on nous a répété : …
- ✓ Se sentir moins malin qu'un autre : …
- ✓ Être puni à la place d'un autre : …
- ✓ Considérer que ses parents ont fait une erreur : …
- ✓ Considérer que ses parents n'ont pas compris : …
- ✓ Se sentir digne de : …
- ✓ Se sentir indigne de : …
- ✓ Se sentir tout à fait à sa place : …

Vous seul savez ce qui vous a marqué. Ajoutez vos propres expériences, autant que vous le souhaitez : …

Vous pouvez vous inspirer des attitudes qui se renouvellent fréquemment, ce que vous avez constaté, ce que vos proches vous font remarquer.

Il semble y avoir en nous un petit train qui tourne en rond, réveillant des émotions désagréables, comme si elles étaient d'actualité. En général, plusieurs expériences positives sont nécessaires pour supplanter une seule émotion négative.

Et comme nous pensons que nos pensées viennent du cerveau, nous nous trompons d'outil pour les modifier. Si, en revanche, on considère que les pensées viennent du corps, et notamment des émotions, il devient plus facile de les transformer. Le cerveau se contente de les identifier, de les classer, de leur attribuer de la valeur selon des critères préétablis.

Cet enregistrement se fonde sur un principe très efficace : comme nous ne pouvons penser à tout en permanence, beaucoup d'expériences deviennent inconscientes. Les expériences vécues par le cerveau et le corps sont assimilées par l'inconscient, qui libère ainsi la conscience pour s'occuper du présent.

Cette routine nous donne beaucoup de capacités et une certaine rigidité ; nous n'hésitons plus et connaissons automatiquement l'émotion, la croyance ou le comportement qui semble adéquat.

Nous n'avons pas besoin de réinterpréter à chaque fois les événements, ni à tout réapprendre. Sans cela, la vie ne serait pas possible. Même au niveau cellulaire, chaque cellule se souvient de ce qu'elle doit faire, comme une graine qui se souvient à quel moment elle doit chercher la lumière.

Hélas, ce principe génial d'automatisation des tâches, que nous partageons avec les animaux et les plantes, et sans doute avec l'eau, a des ratés ! Nous oublions de mettre à jour nos perceptions et nos réactions ; nous conservons les mêmes vieux jugements familiers, les idées programmées. Nos réactions surgissent du passé. Nous nous comportons parfois comme des enfants de trois ou de dix ans, et revivons les émotions de cette époque avec la plus parfaite mauvaise foi ! Vous avez sans doute surpris quelqu'un en train de se mettre en colère, de bouder, de se sentir abandonné, en vous disant : *« Quel comportement enfantin ! »*

Et cette automatisation des tâches, qui a pu entraver l'épanouissement, devient une force. Les croyances positives vont se renforcer, jusqu'à développer une masse critique qui s'alimentera d'elle-même. Par exemple, une personne dont les croyances sur elle-même sont majoritairement bienveillantes, mènera une vie plus agréable qu'une personne dont les croyances lui sont hostiles ou qui se méprise. Rien de cela n'est inévitable. Il est possible d'intervenir à n'importe quel point du processus pour le modifier. N'importe quel élément nouveau, modifié, rajouté, pourra orienter le mécanisme en votre faveur.

Dans les jours qui viennent, considérez comme un jeu cette nouvelle approche de vos croyances. Même si vous aimez vos croyances, vous pouvez garder celles qui vous conviennent. Les autres, mettez-les au grenier ! Au cours de la lecture de ce livre, vous avez la possibilité d'évaluer vos croyances, celles que vous pouvez abandonner, celles que vous souhaitez renforcer. Un incident porteur d'une charge émotionnelle donnera naissance à des croyances, un incident sans charge émotionnelle sera oublié l'instant d'après.

Le plaisir des croyances

IL EST PLUS EFFICACE de changer avec plaisir, de savourer le bonheur d'être soi-même. L'autoflagellation ne favorise pas le changement.

Quelles croyances avez-vous plaisir à avoir ?

Imaginez qu'il soit possible de gagner à un jeu de hasard des croyances formidables. Soudain, apparaissent les nouvelles croyances qu'un bon génie vous a apportées.

Vous pouvez aussi imaginer que vous trouvez, au fond de votre mémoire, un coffre contenant des croyances très positives, qu'il vous suffit de mettre en pratique pour qu'elles deviennent réelles.

Lesquelles vous combleraient ? Qu'en feriez-vous ? Qu'est-ce qui changerait dans votre vie ?

Faites une liste des dix meilleures et demandez à votre inconscient de les vivre au quotidien.

Pourquoi faudrait-il que les croyances nées de vos expériences et de votre milieu social soient les seules valables pour vous ? Autant chercher ailleurs et en adopter d'autres…

Le plaisir de la résistance

SI AU COURS DE LA LECTURE vous ressentez une résistance, n'insistez pas, vous y reviendrez. Les croyances sont si fondamentales, tellement liées à l'identité et à l'interprétation du monde, que leur élargissement peut sembler trop ardu. Peu importe. Si vous avez trop modifié vos croyances, vous reviendrez à celles qui vous conviennent le mieux. L'évolution se fait dans le confort, en fonction de ce qui vous convient dans le secret de votre cœur. Si vous deviez créer de nouvelles normes pour vous-même, lesquelles choisiriez-vous en priorité ?

Votre passé, les variations d'opinion de vos relations rappellent qu'en matière de croyance, il n'y a pas de norme. Ce que vous avez cru hier était peut-être vrai hier ; ce dont vous avez besoin aujourd'hui, ce sont des croyances utiles, à votre service, en fonction de votre âge et de vos aspirations. Inutile de vous forcer à adopter des croyances qui donnent une bonne image de vous-même ou qui changeraient magiquement votre vie. Un pas à la fois. La seule personne qui sache quelles sont les croyances dont vous avez besoin, c'est vous.

Durée des croyances

LES MÉCANISMES DE LA VIE, basés sur l'extension, l'échange, le rapport de forces et l'équilibre, s'appliquent aussi aux croyances. Nos croyances grandissent et meurent. Certaines ne durent que quelques heures, d'autres une vie entière. D'autres encore sont étouffées ou auraient besoin d'un tuteur au début. Elles se nourrissent des expériences passées et de ce que nous vivons chaque jour. Certaines croyances sont conquérantes, d'autres nous maintiennent debout, d'autres nous rétractent. Heureusement, nous n'avons pas conservé toutes celles de notre enfance! Cela nous rendrait incapable de travailler...

Sur lesquelles de vos croyances pouvez-vous mettre une date limite de consommation?

Croyances et communication inconsciente

NOS CROYANCES communiquent à notre insu avec celles des autres. Les paroles ne sont pas toujours nécessaires. Dans notre attitude, notre habillement, notre façon de nous tenir, dans les micromouvements du visage, nous exprimons des croyances que d'autres captent inconsciemment. C'est ce qui rend certaines personnes sympathiques de prime abord, d'autres non. C'est ce qui pousse à parler à un inconnu parce qu'il semble proche, et non à tel autre.

Tout se passe comme si nous portions au-dessus de notre tête, visibles par les autres – et rarement par soi-même –, des panneaux où sont inscrites nos principales croyances. Sur ces panneaux est noté ce que l'*on veut éviter*, sans le savoir. Ce que l'*on veut obtenir*, sans le savoir.

Nos croyances nous incitent à chercher certaines situations, pour avoir la sensation de vivre vraiment.

Souvenez-vous des moments où vous êtes persuadé d'avoir réalisé un rêve, quand vous avez la certitude que la vie vaut la peine d'être vécue.

Ce que nous redoutons ou espérons secrètement peut être différent de ce que nous affichons. Officiellement, nous pouvons être obligés de déclarer certaines croyances en accord avec celles de notre milieu.

Nous voulons être reconnus d'une manière particulière. *Quelle est la reconnaissance qui me comblerait ?*

Nous donnerions beaucoup pour être admiré, peut-être d'une certaine personne. *Que suis-je prêt à sacrifier pour cela ? Et quelles sont les croyances qui le justifieraient ?*

Nous pourrions même nous soumettre à une personne qui nous prouvera que la vie a un sens. *Dans le passé, est-ce arrivé ? Ai-je été ébloui par quelqu'un qui semblait très bien me comprendre ?*

Parfois, nous sommes forts en apparence et à l'intérieur, très insécures. La plupart de nos réactions sont rationnelles. Pourtant, il arrive que des niaiseries déconcertantes emportent la décision.

Bien entendu ces réactions sont en relation avec nos émotions, notre conception du monde. Durant toute la vie, durant chaque journée, durant chaque heure, les croyances forment un flot continu, qui nous fait passer d'une émotion à une autre. La conscience est alors un bateau influencé par les courants et les marées ; errant parfois sans but, parfois fièrement, toutes voiles dehors, vers un cap merveilleux ; ballotté parfois par la tempête… et il est vrai qu'on navigue mieux en connaissant les vents et les courants !

Visualisez le flot de vos croyances en vous demandant lesquelles sont les plus actives. Si vous êtes un peu artiste, vous pourriez même dessiner les différents courants en différentes couleurs et la direction vers laquelle vous souhaitez aller.

Identifier les croyances limitantes

VOS CROYANCES LIMITANTES sont la source de vos futures croyances gagnantes. La matière première dont vous avez besoin est déjà en vous, disponible à volonté. Et même les ressources que vous croyez ne pas avoir, c'est sans doute que vous ne les avez pas encore vues…

Souvenez-vous de la dernière fois que vous avez souhaité entreprendre quelque chose et que vous avez arrêté avant même de commencer. Ou prenez comme exemple quelque chose que vous différez actuellement: tondre la pelouse, réparer un meuble, reprendre des cours d'allemand, traiter les documents traînant sur votre bureau, passer un coup de fil en attente, donner tous ces vieux vêtements, changer le papier peint, recoller la moquette, retourner à la piscine, etc. L'idée n'est pas de vous faire des reproches ou de vous en vouloir, mais simplement de comprendre comment cela agit en vous.

Examinez ce qui vous empêche de le faire, le manque de temps ou d'argent, l'éloignement des magasins, la paresse, l'appréhension, la sensation que cela peut attendre, etc. Ne vous souciez pas de savoir si ces excuses sont valables ou non. Acceptez-les. Posez-vous les questions suivantes : *Quelles sont les croyances d'une personne qui utilise de telles excuses ? Si quelqu'un me donnait ces excuses, qu'en déduirais-je sur ses croyances ? Aurais-je tendance à le croire ?*

Maintenant, prenez parti pour vous, en justifiant que vous avez raison de ne pas faire ce que vous aviez décidé. Expliquez pourquoi, en fonction de vos croyances. Par exemple :

« *Je ne peux pas repeindre les volets cette année, car je crois qu'il me faudra recommencer l'an prochain. Je ne peux pas ranger le garage, car je crois que certaines choses pourront encore me servir. Je ne peux pas aller à la piscine, car j'ai un travail vraiment urgent à terminer.* »

Quelles sont les croyances plus ou moins fortes qui justifient de ne pas faire les choses ? Vous le voyez, il y a une négociation ultrarapide, souvent inconsciente, entre différentes croyances, avec un arbitrage permanent.

Souvenez-vous d'un grand projet qui semblait très important dans votre vie et qui a été remis au lendemain pour plusieurs raisons.

Cela peut être un déménagement, un changement de profession, un engagement sentimental, des économies pour acheter un logement, apprendre la poterie, etc. Un rêve qui a nourri des pensées et des discussions pendant des années.

Pourquoi est-il sans cesse repoussé ? Les croyances sont-elles les mêmes que précédemment, en plus intenses, ou sont-ce des croyances différentes qui ne servent que dans les grandes occasions ?

Quelqu'un d'autre dans votre entourage l'a-t-il réalisé ? Si oui, avec quelles croyances ? Imaginez des croyances comme un prêt-à-porter, que vous allez essayer, puis retoucher pour les adapter. Vous pouvez décider de vivre une journée ou plusieurs jours, avec les croyances d'une personne que vous admirez ou que vous enviez. Ensuite, quand elles vous conviendront, vous fabriquerez du sur mesure. Vous ne garderez que les plus justes pour vous. Il n'y a aucun risque à adopter des croyances toxiques si vous appliquez ces deux critères : cette croyance ne doit pas vous nuire ni vous mettre en danger ; elle ne doit pas nuire à autrui.

L'autre avantage, c'est de ne plus nourrir de rêves creux ne vous concernant pas, pour concentrer votre énergie sur ce que vous voulez vraiment.

Réorienter les croyances toxiques

LES CROYANCES TOXIQUES sont, bien sûr, celles qui anéantissent. Elles ne laissent aucune issue. On les identifie parce qu'elles sont exprimées avec des jugements définitifs : *« Jamais, toujours, c'est impossible, trop tard »*, etc. Elles expriment l'impuissance, le désespoir, la résignation. C'est un mélange d'excuses, d'impossibilités et de chagrin, qui favorise la dépression.

En général, il est difficile de passer des croyances intoxicantes aux croyances épanouissantes. Mieux vaut utiliser des *« paliers de décompression »*, pour passer d'un état à un autre. Par exemple, croyances intoxicantes ➔ croyances négatives ➔ croyances peu stimulantes ➔ croyances neutres ➔ croyances positives ➔ croyances épanouissantes.

Pour progresser du négatif vers le positif, on introduit des contre-exemples et des possibilités. Par exemple, si quelqu'un dit : *« Je n'y arriverai jamais »*, on peut demander : *« Est-ce que cela a été possible, ou aurait été possible, dans le passé ? Qu'est-ce qui permettrait, en comptant sur ses propres forces et non sur le monde extérieur, de pouvoir y arriver au moins une fois, dans le futur ? Quelles sont les graines non encore germées des croyances et du comportement nécessaire ? »*

Devenir seigneur de soi-même est un processus qui dure la vie entière. On peut rêver de s'éveiller un matin après avoir tout compris et avoir acquis une sérénité et une force permanentes. Beaucoup de gourous vivent en vendant une improbable illumination, une connaissance instantanée et magique.

Mais tout, dans l'univers, est progressif, et même les tremblements de terre ou les éruptions volcaniques ne surviennent pas d'une seconde à l'autre ; ils envoient des signaux préliminaires, que des spécialistes apprennent à détecter.

Le passé, comme l'histoire de l'humanité, n'est pas figé. C'est un terreau sans cesse retravaillé. Avec les mêmes événements, les humains fabriquent toutes sortes de croyances, et des vies complètement différentes. Sur le plan individuel, on appelle cela *« réveiller les ressources inconscientes »*. Sur le plan collectif, on appelle cela *« les vainqueurs réécrivent l'histoire »*. Le processus est le même, soit faire appel au passé pour s'en réclamer et prouver qu'on est dans la continuité, soit rejeter le passé comme mauvais pour prouver qu'on a réinventé la condition humaine.

On peut toujours aller chercher dans son histoire personnelle ce dont on a besoin et, plus étonnant encore, ce dont on aurait pu avoir besoin. Rien n'empêche de semer des ressources dans le passé, pour s'en servir aujourd'hui. Idée bizarre ? Pourtant, nous introduisons des incapacités et des capacités dans le passé, quand quelqu'un nous convainc que nous avons eu une enfance malheureuse ; ou que nous avons été exploités dans notre travail ; ou que nous nous sommes fait rouler par une de nos relations ; ou qu'au contraire nous avons connu plus de réussites que nous le pensions ; que finalement nos parents nous aimaient vraiment ; ou que notre inconscient est une réserve d'expériences et de possibilités à notre service. Nous soulignons ce qui nous paraît important, nous sélectionnons en fonction de nos besoins, non seulement dans le présent, mais aussi dans le passé. C'est un mécanisme habituel, bien connu des femmes qui désirent un enfant et qui remarquent alors le nombre élevé de femmes enceintes. Il ne s'agit pas de se persuader, mais de remarquer, et la persuasion en découle.

De l'invisibilité des croyances

IL EST DÉSAGRÉABLE d'admettre que l'on n'est pas libre de ses pensées. En général, on préfère considérer que l'on est maître de celles-ci et qu'au fond, on pense ce qu'on doit penser. Nos pensées sont issues de nos croyances, elles-mêmes nées avec certaines émotions marquantes.

Nous aimerions penser seulement ce qui nous convient, être certains que les croyances ne sont pas des corps étrangers installés là depuis longtemps. En même temps, force est de reconnaître que nous sommes conditionné s, que nous avons vécu des expériences douloureuses ou agréables, qui nous ont marquées. Certains moments cruciaux ont jeté les bases de nos croyances. Il n'est pas possible d'échapper à un système de croyances, à la base de la vie humaine. On peut le faire évoluer, l'adapter, et c'est déjà énorme. Mais impossible d'y renoncer : le système de croyances, issu du langage et de l'interprétation, est constitutif de l'humanité.

Nos pensées suivent ainsi un cheminement qui leur est propre, leur réseau familier. Ce sont des chevaux de randonnée, qui connaissent à l'avance le circuit. En l'absence de décision du cavalier, ils savent ce qu'ils ont à faire, suivre toujours la même vieille route sans trop de surprises… Ou des petits manèges qui tournent en rond indéfiniment, sauf quand on apprend à maîtriser l'aiguillage.

Il est difficile pour le poisson d'avoir une vision de l'océan. Il ne sait pas ce qui l'entoure. Il baigne dedans et ne voit rien. Il ne peut s'extraire pour examiner son milieu. Et l'humain est entouré de croyances, de pensées, de langage. Chacun *est* une histoire, créée et modelée au cours des années. Comme le poisson, nous ne voyons pas nos croyances les plus profondes et ignorons une grande partie de ce qui vit au loin. Et quand nous voulons devenir objectifs, nous restons dans nos croyances. Qu'elles soient vraies dans l'absolu de l'univers est une vue de l'esprit. L'important est qu'elles nous soient utiles.

Imaginez que vous soyez entouré d'un halo, d'un filtre, comme l'atmosphère autour de la terre. Ce halo est composé de toutes les croyances de votre époque, de votre culture, de votre éducation. Ce halo va filtrer les événements extérieurs avant qu'ils ne parviennent à la conscience ; le sens sera déterminé par ce qu'il est admis de croire. Vous allez de nouveau les interpréter dès qu'ils vous auront atteint, d'une manière ou d'une autre.

Ainsi, les événements sont automatiquement filtrés plusieurs fois, par les filtres collectifs, mis en place pour donner du sens à la vie, et les filtres personnels, liés à votre histoire et aux croyances que vous avez *décidé* d'avoir. La décision n'est plus consciente aujourd'hui ; elle l'a été sur le moment.

Remonter à la source des croyances

POUR CE RETOUR EN ARRIÈRE, procédez par étapes, de la plus récente à la plus ancienne, dans les différents domaines de votre vie : affection, relations, travail ou activité, loisirs. Toujours confortablement : si une époque vous gêne, ne forcez pas, vous y reviendrez plus tard.

✓ Ce que je croyais voilà cinq ans et comment je sais que je le crois encore ou comment je sais que je ne le crois plus : …
✓ Ce que je croyais voilà dix ans : …
✓ Ce que je croyais quand j'avais vingt ans : …
✓ Ce que je croyais quand j'avais quinze ans : …

- ✓ Ce que je croyais quand j'avais dix ans, sept ans, cinq ans, trois ans, quand j'étais bébé : …
- ✓ Parmi ce que je croyais jadis, qu'est-ce que je crois encore ? …
- ✓ Qu'est-ce que je croirai dans cinq ans, dans dix ans ? …
- ✓ Que me faudrait-il croire pour que telle chose se réalise dans ma vie ? (indiquez vos souhaits : changement de situation, rencontre, sérénité, volonté, etc.) …
- ✓ Si les croyances étaient formées de pièces de puzzle que je possède déjà, lesquelles assembler pour reconstituer un tableau cohérent ? …

En regardant l'histoire humaine, on constate que les croyances sont en perpétuelle évolution. Personne ne croit plus guère que la terre est plate et le centre du monde. Personne ne croit plus guère qu'un Dieu ait pu créer Adam et Ève, au sens propre, cent millions d'années après les dinosaures et quatre milliards d'années après les amibes. Personne ne croit plus guère en la supériorité de l'homme sur la femme. Les croyances collectives trouvent leur nécessité dans l'organisation sociale : cueillette, chasse, agriculture, urbanisation. Les croyances dont avaient besoin nos ancêtres, sous Neandertal ou sous Cro-Magnon étaient différentes, car le contexte les obligeait à croire des choses utiles à leur survie.

Si l'on applique ce principe de l'évolution inévitable des croyances à ses croyances personnelles, qu'est-ce que cela donne ?

✓ Ce que j'ai besoin absolument de croire sur moi pour continuer à vivre : …
✓ Ce que j'ai besoin de croire à propos des autres, pour entretenir des relations avec eux : …
✓ Ce qu'il est utile de croire pour vivre en société, pour m'épanouir et mener une vie qui me convienne : …
✓ Ce que je n'ai plus besoin de croire : …
✓ Ce que je peux relativiser : …
✓ Ce que j'aimerais croire : …
✓ Ce que je pourrais croire éventuellement : …

Si nos croyances sont trop faibles, nous risquons d'être une éponge influençable. Si nos croyances sont trop fortes, nous risquons d'être tyrannique, réfractaire aux enseignements que les autres, ou la vie, nous apportent. D'où l'intérêt d'identifier un noyau stable et indispensable, un tronc et des racines, afin que poussent toutes sortes de branches.

Vous pouvez faire une liste des croyances liées aux comportements les plus embêtants et voir celles que vous pouvez atténuer. Par exemple :

- ✓ Lorsque je manque de confiance en moi, je crois que… et pour augmenter ma confiance en moi je préfère croire que…
- ✓ Lorsque je m'emporte facilement, je crois que… et pour développer ma sérénité je préfère croire que…
- ✓ Lorsque je suis persuadé que je ne peux pas changer de situation, je crois que… et pour être plus libre, il me faut croire que…
- ✓ Quand quelque chose… *(citer des exemples)* me semble impossible, je crois que… et pour que cela devienne possible, il me faudrait croire que…

Vous pouvez trouver une vingtaine d'exemples. Si vous pensez qu'il est « trop facile » d'agir ainsi sur les croyances, souvenez-vous simplement que vos croyances ont, pour la plupart, été adoptées… par un enfant de trois ans !

Croyances et pensées

NOS PENSÉES agissent en permanence comme un renforcement des filtres, donc des interprétations du monde. Imaginez les pensées comme des trains, circulant au milieu de plusieurs voies. Imaginez de vastes réseaux, tous interconnectés, avec même de très vieilles lignes qui n'ont jamais été désaffectées où passent de très vieux trains ; et des lignes flambant neuf, où circule un matériel moderne. Ce réseau pourrait être une représentation très approximative du cheminement des pensées dans notre cerveau.

Les croyances sont les gares, minuscules ou immenses. Tôt ou tard, on les traverse ou on s'y arrête. Même sans stimulus extérieur, nos pensées vont tôt ou tard rejoindre les voies de nos croyances. Et ceci… malgré nous, même si cela nous déplaît. D'ailleurs, pour apprendre à contrôler les pensées, des personnes peuvent faire des années de méditation ou de yoga.

Et la liberté ? La liberté c'est ce qui reste après avoir rempli toutes ses obligations ! Il en va de même pour les croyances, la liberté de croire, c'est ce qui reste une fois que les croyances indispensables à sa survie sont respectées.

Même une personne indifférente à sa survie, qui se néglige ou se nuit, est victime de ses croyances. Tel fou du volant, tel drogué ou tel délinquant se donne de bonnes justifications et s'estime dans son droit ; il croit qu'il ne lui arrivera rien ou que la vie doit être vécue ainsi ; que seul compte le plaisir immédiat, etc. Ainsi, l'évolution des mentalités est en fait l'évolution des croyances, qui conduisent les humains à croire en leur société ou à se laisser détruire. C'est ainsi : l'humanité est un vaste supermarché (ou plutôt un chaudron) de croyances, gratuites, mais dont les conséquences sont… le bien-être de tous ou la guerre.

Les processus invisibles

CES PROCESSUS INVISIBLES vont filtrer, évaluer, puis provoquer plus ou moins des sensations, des émotions qui se traduiront en pensées, en paroles et en actes. Bien sûr, le tout arrive déformé et simplifié à la conscience. Ce sont des mécanismes très complexes. Le cerveau dispose d'une fraction de seconde pour en tirer une conclusion. Les nuances sont réservées à la conscience. L'inconscient est subtil, mais le mode de classement des expériences est approximatif. L'inconscient associe les événements par ressemblance, avec sa propre logique, sans se soucier de la logique consciente.

Par exemple, pensez à tout ce qui est bleu : un stylo, le ciel, la mer, un pull, des yeux, une liqueur, du papier, un timbre, un rasoir jetable, un fruit pourri. Même si ces différentes choses n'ont guère de rapports entre eux, l'inconscient les classera dans la même rubrique. D'où les associations d'idées, qui mènent d'un point à un autre sans se soucier de la logique consciente. Même si cela présente quelques inconvénients, cette méthode de classement offre l'avantage considérable d'ouvrir la voie à une créativité et à une compréhension du monde sans limites, puisque tout mène à tout. N'importe quoi peut être associé à n'importe quoi. Tout est donc relié d'une certaine manière.

Bien sûr, le cerveau, la mémoire cellulaire, les pensées, les croyances ou l'inconscient n'agissent pas seuls ; ce ne sont pas des maîtres extérieurs qui nous dominent. Même s'ils semblent parfois nous soumettre à des fantaisies insensées, ce n'est qu'une apparence. Il y a toujours une raison à un comportement, même si la raison est absurde. Ils se contentent de reproduire ce qu'un jour nous avons considéré comme juste.

Si on a eu très peur une fois d'être abandonné ou de se faire mal, il est absurde de garder cette peur indéfiniment. Mais à défaut d'un nouveau programme, l'inconscient restitue ce qu'il connaît. L'inconscient fait soit ce qu'il connaît, ce qui lui paraît inévitable, soit ce qu'on lui dit de faire. Choisissez !

Remontez à la source pour redécider de ce qui est vrai aujourd'hui. Il est rarement possible de savoir à tout instant où sont nées les croyances dans lesquelles on baigne. En revanche, on peut les identifier pour les grands moments de sa vie.

Examinons ces moments de fortes charges émotionnelles, ayant entraîné des décisions invisibles, pour les relier à une croyance fondamentale. Découvrez la cartographie de vos croyances, dans une fabuleuse chasse au trésor. Et sur cette carte, tracez de nouveaux chemins.

Examinez les croyances qui ont présidé au *choix de votre métier*. Prenez quelques instants et demandez-vous ce qui vous a conduit à faire cela, par rapport à la profession de vos parents ou d'autres membres de la famille, à celle de personnes que vous admiriez, des conseils des enseignants. Souvenez-vous de phrases qui vous ont marqué :

« *Tu es habile de tes mains, tu es douée pour la spéculation intellectuelle, tu peux accomplir des prodiges, tu es toujours disponible pour les autres, tu fais vraiment ce que tu veux avec ton corps, tu es infatigable, tu as toujours le sourire, on peut vraiment compter sur toi, tu as l'esprit de synthèse, tu as beaucoup d'imagination…* »

Et souvenez-vous, ou imaginez, les phrases que vous avez pu vous dire :

« *Décidément il est important d'aider les autres, c'est un vrai plaisir d'enseigner, ce serait mieux si tout le monde respectait les règles, j'aime vivre en groupe, c'est agréable de créer quelque chose avec ses mains, les gens m'aiment quand je leur suis utile…* »

Si vous n'y parvenez pas, interrogez des proches, notamment ceux dont la vocation est claire, pompiers, policiers, enseignants, juges, thérapeutes, médecins, hôtesses, infirmières, vendeurs, artisans… demandez-leur quel est le rapport entre l'enfant qu'ils étaient, ce qu'il a vécu, et le moyen qu'ils ont trouvé de gagner leur vie et d'être utiles à la société.

Cela peut être l'occasion de bifurquer. L'enfant a fait un choix parmi d'autres, aujourd'hui vous décidez différemment. Demandez-vous ce que vous voulez croire, en tant qu'adulte.

Examinez les croyances à l'origine du *choix de votre conjoint* ou de vos partenaires sentimentaux successifs : par exemple, quelles sont les qualités indispensables ? pourquoi avez-vous décidé que ces qualités sont indispensables ? à quel moment ? par rapport à qui ? Douceur, fidélité, sens de l'économie, affection, efficacité, etc. Qui vous a servi de modèle ou de contre-modèle ? Si vous deviez donner le nom de la femme idéale, de l'homme idéal, qui serait-ce ? Et dans le passé, qui était-ce ? On recherche souvent le même genre de type de personnalité que les personnes que l'on a aimées étant enfant… même si leur physique est très différent. C'est un phénomène naturel qui nous mène vers ce qui est familier. On épouse souvent quelqu'un qui ressemble, émotionnellement, à son père ou à sa mère.

Quelles sont les émotions qui ont présidé au choix de vos partenaires sentimentaux ? Que fautil croire pour ressentir ce genre d'émotion ?

Puis, de nouveau, demandez-vous ce que vous aimeriez croire aujourd'hui, pour que votre vie soit équilibrée et en rapport avec vos valeurs profondes.

Les croyances à l'origine des *goûts sexuels* (vous risquez d'être surpris du résultat…) : par exemple, pourquoi aimez-vous tel genre de personne, tel physique. Par rapport à qui ? À quel moment avez-vous ressenti vos premiers émois, et par rapport à qui ? Qui a été pour vous le modèle de la féminité ou de la masculinité ? De qui étiez-vous amoureux étant enfant ? Êtes-vous amoureux en secret de quelqu'un aujourd'hui, acteur ou présentateur télé ? Comment vivriez-vous si cette personne était amoureuse de vous ?

Vous pouvez considérer que les personnes admirées sont en fait des aspects de votre personnalité. Là encore, choisissez les croyances les plus enrichissantes aujourd'hui, celles qui vous permettent de mener une vie à votre image.

Élucidez les croyances qui sont à l'origine de vos *opinions politiques* (cherchez des événements de la petite enfance, liés à l'humiliation, à la peur, à la pitié, à la colère, à la haine, etc.).

Élucidez les croyances à l'origine de *l'estime ou de la mésestime de soi-même*, par exemple les félicitations ou les brimades en public, les encouragements d'une personne que vous admiriez, les humiliations d'une personne puissante, le sentiment de triomphe ressenti à telle occasion.

Chaque fois, pensez à une situation que vous avez pu vivre. Si vous ne vous en souvenez pas, demandez à vos parents, à vos oncles et tantes ou d'autres personnes qui vous connaissaient voilà longtemps. Ne prenez pas ce qu'on vous dit pour des vérités absolues, mais comme des indications utiles.

L'origine des croyances

NOUS CONSIDÉRONS que notre histoire personnelle est très… personnelle. Or, elle ne l'est qu'en partie. Beaucoup d'événements que nous vivons dépendent en fait de notre sexe, de notre âge, de notre culture et de notre époque. Une même génération partage des goûts et des expériences proches. Trente ans plus tard, elle partagera la même nostalgie.

Notre âge influence aussi nos réactions. Que l'on ait cinq ans, quinze ou dix-sept, quarante ou soixante-dix ans, il conditionnera amplement nos choix et nos croyances. Aujourd'hui, d'ailleurs, la plupart des gens se croient plus jeunes que leur âge et agissent en conséquence. Accepter cette évidence permet de s'en libérer. Nos réactions sont aussi conditionnées par notre époque, c'est inévitable, à moins d'être un ermite au fond des bois, et encore, avec les randonneurs, ceux qui pratiquent le moto-cross, le VTT…

Qu'est-ce que croient les gens de mon âge ? Mes amis, ceux que je croise, les vedettes ou les politiciens ? Quelles sont les croyances marquantes de cette génération ? Les croyances ont-elle évolué par rapport à ces dernières années ?

À l'intérieur de ce cadre préétabli, nous vivons des expériences universelles : le rejet, la réussite, l'échec, l'amour, la frustration, la satisfaction, l'attente, l'espoir récompensé ou déçu, la surprise…

Les sensations que nous éprouvons sont parfois indépendantes de la réalité ; elles sont liées à l'émotion qui entoure l'expérience ; le contexte détermine l'impact d'une expérience, et non l'expérience elle-même. Le contexte peut ainsi se conformer à l'évolution des croyances. Cette réinterprétation permanente est spectaculaire dans certains domaines comme les mœurs, la mode, le bon ton, etc.

Le fait que la réalité soit différente de son interprétation est lié aux mécanismes de la mémoire. Nous imprimons mieux ce qui est étrange, bizarre, hors du commun, inachevé. Le processus de la création des croyances est donc proche du processus de création des émotions : ce qui est hors norme marque davantage. L'enfant se souviendra par exemple du jour où son père, très en colère, l'a giflé. Cet incident sera nettement différencié des milliers de jours où son père ne l'a pas giflé. Notre liberté, ce n'est pas de ne pas avoir vécu tel ou tel événement, mais de l'intégrer dans notre développement, de l'accepter pour mieux le relativiser, de voir en quoi il a participé à notre construction.

Ou l'on se souvient plus facilement d'un spectacle insolite, d'une image curieuse ou originale. Comme on se souvient plus facilement d'une aventure inachevée, d'une phrase à laquelle on n'a pas pu répondre, d'un amour qui n'a pas commencé ou s'est terminé trop vite. Lorsqu'une expérience est bouclée, le cerveau l'intègre et l'oublie quasiment.

Quand c'est en suspens, il la garde en mémoire, ne sachant qu'en faire. Que d'amours de vacances sont restés merveilleux, alors que quelques semaines supplémentaires les auraient anéantis !

Ce processus est utilisé en permanence par la télévision et le cinéma, la publicité et la propagande, qui cherchent à frapper les esprits. L'objectif est d'emporter la décision grâce à la puissance de l'imagination, liée à l'émotion. Un être bouleversé, indigné ou en colère, ne raisonne plus et, en groupe, sera une marionnette facile à manipuler. La publicité s'adresse à l'émotionnel d'un individu, alors que la propagande cherche toujours à réunir les gens en groupe, ou même en foules, car ils sont alors simples à manœuvrer. Les tyrans adorent les grandes masses, car une grande masse ne peut croire qu'une chose très simple, possède le même cerveau qu'une nuée d'oiseaux et réagit de manière aussi primaire que des chiens affamés, même si les individus qui la composent sont sophistiqués.

Croyances et milieu social

Il est assez clair que chaque individu est amené à adopter les croyances de son milieu social. Même un marginal, rejeté ou qui rejette, se définira par celui-ci et conservera beaucoup de ses croyances d'origine. Celles-ci peuvent être masquées pendant des années avant de ressurgir. C'est pourquoi des « révolutionnaires » se découvrent, avec le temps, très « réactionnaires ». Ou l'inverse. Ou des gens, se croyant sincèrement très libéraux, découvrent que dans certaines situations ils réagissent... comme leurs parents.

Le partage des croyances est fondé sur des valeurs indispensables pour la survie en société. Ces valeurs n'ont pas à être objectivement vraies, elles doivent être acceptées par un groupe ou une minorité. Parmi ces croyances, on trouve :

• *Le désir d'être accepté.* Trouvez des moments où vous agissez, ou agissiez, contre vous, pour être accepté. Par exemple, se forcer à professer telle opinion. Et des moments où vous agissez pour vous, pour être accepté. Vérifiez les différences de croyances entre les deux attitudes.

• *La certitude qu'il existe des évidences.* Vérifiez ce qui vous semble évident et voyez quelles croyances les sous-tendent, si vous en avez encore besoin pour vivre ou si elles sont devenues encombrantes.

• *Il est bon de croire certaines choses.* Vérifiez ce qu'il vous semble bon de croire aujourd'hui. Revisiter ses croyances demande un certain courage, mais le jeu en vaut la chandelle tant l'impact peut être capital.

• *Il est bon d'avoir un idéal.* C'est une croyance commune dans nos sociétés. En oubliant que les nazis, les communistes et les islamistes ont aussi un idéal. L'idéal c'est un ensemble de croyances dont certaines sont sans doute fondées, mais qui forment un amalgame destiné à empêcher de penser. Ainsi, l'idéal l'emporte sur la réalité : « *Demain, on rase gratis* ».

Le détecteur de croyances

NOS CROYANCES semblent venir de l'intérieur. Ce sont plutôt des caisses de résonance qui vont réagir aux croyances venues de l'extérieur. Un peu comme des programmes, parfois dormants, qui vont se réveiller quand les circonstances le demanderont. Nous avançons, écoutilles ouvertes à notre insu, et nous pouvons être influencés par le flot extérieur.

Nos croyances seront aussi fortement filtrées selon notre style de personnalité*. Étant différents à la naissance, nous accumulons des expériences qui renforcent certains aspects ou en atténuent d'autres. Il existe différents styles, sachant que chacun possède une ou deux dominantes.

* Cet aspect est longuement développé dans *Les styles de personnalité*, du même auteur, Genève, Éditions Jouvence, 2004.

- ✓ *Méditatif:* personne aimant rester seule, autonome. Vie intérieure très riche.
- ✓ *Opinion :* personne ayant une opinion sur tout, cherchant à influencer ses semblables.
- ✓ *Organisateur :* personne très structurée, toujours penchée sur le futur.
- ✓ *Créatif:* personne cherchant à se différencier, réagissant à son environnement.
- ✓ *Affectif:* personne jugeant avant tout en fonction de ses sentiments, tournée vers l'extérieur.
- ✓ *Défi :* personne ayant besoin de fortes doses d'adrénaline, capable d'exploits et se lassant vite.
- ✓ *Synergique :* personne qui exprime ses différentes facettes selon ses besoins.

Une partie de vos croyances peut venir de votre personnalité de base.

Hiérarchie des croyances

VOUS POUVEZ ÉVALUER vos croyances selon leurs critères d'importance. Quitte à choisir, autant opter pour une interprétation favorable et ouverte. Qui a envie de continuer à se sentir limité ou borné ? En quoi est-ce que cela peut apporter quelque chose à un individu ou à l'humanité ? Et même si c'est le cas, derrière la croyance qu'il faut rester limité, se cache une autre croyance, en général liée à la sécurité et à la survie. C'est après un certain nombre d'expériences douloureuses qu'une personne se décide à l'extrême prudence.

Appréciez vos croyances selon leur capacité à vous rendre heureux, à vous permettre de traverser les épreuves. Les seules à conserver toute la vie, mais qui sont évolutives, sont liées à la survie.

Examinez vos croyances concernant la peur ou la colère. Souvenez-vous de plusieurs situations ou de personnes, qui ont la capacité de vous mettre en colère. Trouvez vos propres variantes. En cherchant sérieusement, vous vous étonnerez de n'avoir pas vu plus tôt des évidences.

✓ Je me mets en colère dans telle situation parce que je crois que…
✓ Dans le passé je me mettais souvent en colère dans certaines occasions, parce que je croyais que…
✓ Lorsque cette personne fait cela (ou ne fait pas cela), je me mets en colère parce que je crois que…
✓ Cette personne me met en colère parce que je crois que…
✓ Lorsqu'il se produit tel événement, je suis en colère parce que je crois que…
✓ Les principales colères de ma vie sont liées ou ont été liées à…

Agissez de même par rapport à la peur :

✓ Dans cette situation j'ai peur ou j'aurais peur parce que je crois que…

✓ Dans le passé, à telle occasion, j'avais peur parce que je croyais que…
✓ Le comportement de cette personne me fait peur parce que je crois que…
✓ Si tel événement se produisait j'aurais peur parce que je crois que…
✓ Les principales peurs de ma vie et leurs éventuels points communs sont…

Par rapport à la souffrance :
✓ Cette situation me faisait souffrir parce que je croyais que…
✓ Lorsqu'il s'est passé tel événement, j'ai souffert parce que je croyais que…
✓ Lorsqu'il se passe telle chose, je souffre parce que je crois que…
✓ S'il se passait cela, je souffrirais parce que je crois que…
✓ Les moments où je surmonte la souffrance, où je l'oublie, où elle m'apprend quelque chose, où elle me renforce sont…

Par rapport au plaisir :
✓ Dans cette situation, j'ai beaucoup de plaisir parce que je crois que…
✓ Dans le passé, j'avais beaucoup de plaisir à telle occasion parce que je croyais que…
✓ S'il se passait tel événement, j'aurais beaucoup de plaisir parce que je crois que…
✓ Avec cette personne, j'ai beaucoup de plaisir parce que je crois que…

✓ Je crois que le plaisir est bon parce que…
✓ Les principaux plaisirs de ma vie et leurs points communs sont…

Par rapport à l'amour :
✓ Qui j'aime dans ma vie et pourquoi : …
✓ Qui j'aime dans ma vie, malgré moi : …
✓ Si j'ai connu la passion, quelles croyances déclenchaient ces émotions ? Quelles émotions déclenchaient ces croyances ?
✓ Qui je n'aime pas et pourquoi : …
✓ Quand cette personne fait telle chose, je l'aime, pour quoi : …
✓ Qu'est-ce qui pourrait me rendre amoureux ?
✓ Qui est-ce que j'aime quoi qu'il/elle fasse ?

Le plaisir et la souffrance peuvent être physiques. Mais, bien sûr, le plaisir et la souffrance psychologiques dépendent beaucoup de nos croyances. Une colère, ou une peur, passagère peut être physique ; les colères et les peurs durables dépendent davantage de nos croyances.

Vous constatez peut-être, là encore, que les émotions et les croyances ne sont pas objectives. Nous les objectivons, en les justifiant. Nous « nous faisons une raison ». Pourquoi pas, mais les croyances devenues pesantes méritent un peu d'attention pour être réévaluées. On consacre pas mal de temps à rénover son appartement, on peut consacrer quelques semaines à rénover ses fondations psychiques. Agir sur les croyances, c'est réduire la souffrance et la peur.

Détecter les croyances des autres

COMPRENDRE LES AUTRES, leurs motivations et leur ressort est un vieux rêve. Tant il est vrai que notre bonheur dépend en grande partie de notre entente avec nos semblables.

En écoutant attentivement les conversations, avec un peu de pratique, il devient possible d'entendre les croyances invisibles des autres. Chacun utilise un langage spécifique pour décrire ce qui est important à ses yeux. Lorsque nous parlons, il ne s'écoule pas dix minutes avant que d'une façon ou d'une autre nous ayons annoncé nos valeurs : ce qui compte pour nous, la façon dont nous voyons la vie, la manière correcte de vivre les événements et même les conclusions à en tirer. Énoncer ainsi ses croyances à tout bout de champ permet aux êtres humains de marquer leur territoire. Nos croyances sont l'un des moyens que nous avons imaginés pour remplacer les cris des animaux et les chants des oiseaux…

Imaginez maintenant que vous écoutiez ce que vous disent les autres comme une suite ininterrompue de croyances, comme les trilles d'un rossignol. Ne vous souciez pas du contenu, la structure est la même, que l'on parle de météo, de Dieu, des enfants, de la nourriture pour chien ou du dernier modèle de téléphone portable. Vérifiez !

Amusez-vous avec vos proches et vos amis, non dans un esprit d'inquisition, mais dans un esprit de progrès bienveillant. Leur langage, la façon d'agencer les phrases, leur orientation sont directement issus de leurs croyances. Bien entendu, selon les sujets, les croyances seront plus intenses et la personne les défendra plus vigoureusement.

Les croyances sont la voie royale qui mène à l'inconscient. Même si elles sont complexes, elles ne sont pas confuses ou floues comme les rêves ou les associations d'idées. L'individu est structuré par son langage et ce langage est le langage de l'interprétation et des croyances. Et ceci ouvre des perspectives enthousiasmantes pour le changement !

Connaître les croyances d'autrui, c'est l'assurance de mieux communiquer avec eux et d'éviter quiproquos et conflits. En progressant dans la connaissance de vos propres croyances, dans leur genèse et leur développement, vous distinguerez mieux les croyances des autres.

Choisir ses croyances

SI ON VOUS OFFRAIT aujourd'hui la possibilité de choisir vos croyances, lesquelles choisiriez-vous ? Listez-en une douzaine. Il s'agit de faire une expérience, et non d'adopter des croyances étrangères. Pendant quelque temps, accordez-vous la permission de croire des choses inhabituelles. Surtout, bien sûr, des possibilités positives pour vous. Si certaines croyances semblent immobiles, d'autres sont en mouvement, d'autres encore ne demandent qu'à se mettre en mouvement. Identifiez les auto-prophéties, vers quel destin vous allez, pour qu'elles deviennent très favorables, grâce à certaines questions :

✓ Comment est-ce que je sais que je crois cela ? Comment est-ce que je sais que je ne crois pas cela ?
✓ D'où vient cette croyance qui m'intéresse beaucoup et cette croyance que je ne veux plus ?
✓ Entre les croyances que j'aime et celles que je n'aime pas, est-ce le même processus ? Pourquoi est-ce que j'aime croire cela ? Est-il quelqu'un qui m'a élevé en rapport avec les croyances ? L'ai-je appris par moi-même ? Dans quelles circonstances ?
✓ Comment est-ce que je sais que cela est vrai, que cela est faux ?

Les grandes croyances deviennent ainsi des phrases, des mots, un ensemble de mécanismes. On rend visible la structure. Et avec un nouvel échafaudage, on peut agencer différemment la construction.

Établissez une hiérarchie de vos principales croyances, de la plus importante à la plus légère. Par exemple :

« Je crois qu'il me faut me protéger, je crois qu'il faut penser à l'avenir, je crois qu'il faut que je m'occupe de ceux que j'aime, je crois qu'il me faut rester libre, je crois qu'il me faut aimer, je crois qu'il faut que j'entretienne mon corps, je crois qu'il me faut passer de bons moments, je crois qu'il me faut travailler, je crois que les bonnes choses finiront par arriver… »

Derrière ce qui semble le plus évident se cachent nos croyances fondamentales. Lorsqu'elles apparaissent au grand jour, bien des comportements s'illuminent.

Amusez-vous à changer l'ordre hiérarchique et voyez si le résultat vous déplaît ou si cela convient mieux à la personne que vous êtes aujourd'hui. Placez la croyance la moins importante en premier de la liste et vivez avec cette priorité pendant quelques heures ou quelques jours. Puis testez-en une autre. Des choses qui semblaient inadmissibles sont ainsi réévaluées et peuvent devenir naturelles. Des choses qui semblaient naturelles peuvent devenir choquantes. De toute façon, nos croyances sont comme des matériaux à mémoire de forme, reprenant très vite leur forme initiale.

Lorsque vos croyances ont changé au cours des années, vérifiez si les émotions associées ont changé aussi. Une même émotion peut générer des croyances totalement opposées, selon le contexte, ce qu'on nous encourage ou nous dissuade de croire. Nous pouvons en tirer des conclusions et nos parents peuvent, par exemple, nous dire que nous nous trompons. Nous pourrons alors conserver notre conclusion, la changer ou simplement la masquer.

Croyances et langage

POURQUOI est-ce que cela marche ? Les problèmes sont créés dans le langage et sont solubles dans le langage. Avant de savoir que l'eau courante était indispensable, beaucoup de gens n'en manquaient pas. Puis ils se dirent que la norme était peut-être l'eau courante et donc qu'elle manquait. Ou, avant de savoir que la lapidation était un crime odieux, beaucoup de gens la considéraient comme normale. Avec l'évolution, les gens se dirent qu'une foule ne pouvait pas remplacer un tribunal et que les éventuels délits devaient être jugés selon une échelle de gravité et non seulement des coutumes d'époques arriérées. Ou encore, quand le ciel était l'horizon indépassable, la conquête de l'espace ne manquait à personne. Puis le temps advint où les humains commencèrent à rêver à de nouvelles découvertes. Avant Pasteur, certaines contaminations étaient une fatalité. Avec la découverte des microbes, une autre réalité s'ouvrit, une autre croyance triompha. C'est ainsi, on peut vénérer le passé, le figer dans un âge d'or illusoire, mais rien ne peut durer, parce que les croyances s'adaptent à l'évolution de la société. Il peut y avoir des soubresauts, bien sûr, de brefs retours en arrière, mais jamais dans les domaines fondamentaux. Une fois qu'une société a éradiqué l'esclavage, l'infanticide ou la torture comme moyen de justice, cela ne peut revenir que dans des moments de névrose collective, suite à des crises sociales ou à des guerres, mais jamais durablement.

L'évolution de ses croyances personnelles est aussi passionnante. Amusez-vous, par exemple, à rédiger votre vie, en quelques pages, sous l'aspect des croyances :

« Je nais et je crois que le monde c'est cette femme qui me donne le sein et cet homme qui est près d'elle. Puis je crois que le monde c'est l'appartement et le parc. Puis je réussis à marcher et je crois que le monde est assez vaste, je risquerais de m'y perdre. Puis je vais à l'école et je découvre que je dois faire beaucoup de choses dans la même journée, et qu'en fait il existe beaucoup d'autres enfants, plus que je ne peux compter, et de tous les âges, avec autant de parents. »

Et ainsi de suite, en traversant les grands moments, la puberté, l'autre sexe, la profession, jusqu'à l'âge que vous avez aujourd'hui.

Quelles sont les croyances qui dominent votre vie ? Si vous étiez juste le porteur des croyances, quelles croyances se réjouissent de vous avoir choisi comme véhicule ?

Hormis la plupart des accidents, certaines maladies et les phénomènes naturels comme les tremblements de terre et les ouragans, la plupart des problèmes sont créés avec des mots, avec du langage. Ce n'est pas tellement la description de la réalité qui pose problème, c'est ce que l'on sélectionne dans la réalité. Devant un fleuve, on peut se trouver devant une impossibilité ou un défi pour découvrir comment le traverser. La barque, la natation, le pont, l'avion, la montgolfière ont commencé par des croyances.

Réfléchissez un instant à vos problèmes. Faites-en une liste et remarquez le langage que vous utilisez pour les décrire. C'est le langage qui permet de définir les problèmes, de les augmenter ou de les réduire, c'est aussi le langage qui permet de créer la solution.

Beaucoup de professions travaillent avec le langage : politiciens, avocats, psychothérapeutes, religieux, publicitaires, propagandistes… et escrocs. Dans chaque difficulté se trouve un échec ou une opportunité. Le problème peut devenir une source d'évolution, une péripétie, une énigme à résoudre, etc. La différence entre ceux qui renoncent et ceux qui continuent, c'est que ceux qui renoncent arrivent souvent dans des impasses, alors que ceux qui continuent y voient un chemin.

Une fois que vous avez dressé la liste de vos problèmes, dressez à côté les solutions qui ne dépendent que de vous, et non pas de facteurs extérieurs. Les questions sont :

- ✓ Que puis-je faire pour remédier à cela ?
- ✓ Qu'est-ce qui est en mon pouvoir ?
- ✓ Quelles croyances puis-je actionner pour me diriger vers le résultat souhaité ?

Avec de l'entraînement, vous serez surpris de voir qu'il est facile d'adopter des croyances positives sur vous.

Devenir son propre conseiller

IMAGINEZ que vous ayez exprimé vos innombrables qualités et que vous vous conseilliez vous-même, d'une manière très avisée. C'est… déjà ce que vous faites. Lors des décisions importantes, on pèse le pour et le contre, on évalue les arguments en faveur ou en défaveur de telle solution, puis on opte pour le meilleur. Dotez ce conseiller des meilleures croyances possibles et demandez-lui son avis lors des grands choix. En vous plaçant à l'extérieur de vous, vous trouverez des idées surprenantes.

Évolution ou révolution

LA NATURE ne connaît pas la révolution, mais l'évolution. Sur le plan psychologique, on pourrait comparer la révolution à une prise de conscience provoquant un changement radical, une révélation stupéfiante et définitive. Même si cette croyance magique fait la fortune des gourous, dans la croissance psychologique, l'évolution est la règle. Il s'agit d'un continuum, d'une amélioration permanente qui permet un changement progressif, acceptable et durable. Même les changements qui semblent brutaux sont précédés de plusieurs essais ; ensuite, la capacité d'adaptation est mémorisée.

Les croyances peuvent, bien sûr, naître soudainement, mais elles n'acquièrent de puissance que si d'autres expériences s'agglutinent à la première pour lui donner plus de poids.

En revanche, il est rare que les croyances se modifient en un instant. Elles se défont lentement, se reconstituent avec une sage lenteur… Donc, prenez le temps nécessaire pour qu'une croyance grandisse confortablement. Tirer sur une fleur ne la fait pas pousser plus vite !

Croyances et expression

DANS LES MOMENTS où j'ai confiance en moi, quelles croyances sont en œuvre ?

✓ Pour être à l'aise en public ?
(parler devant un groupe, chanter...)
✓ Lorsque j'apprends, quelles croyances ?
✓ Lorsque j'entreprends, quelles croyances ?
✓ Lorsque je me dépasse, quelles croyances ?
✓ Lorsque je passe une soirée formidable, lorsque je suis avenant, lorsque je pratique l'humour, lorsque j'exprime mes talents artistiques... ?

Et bien sûr, posez-vous les mêmes questions sur tout ce que voulez réaliser dans votre vie.

La structure des croyances

LE MONDE EXTÉRIEUR émet en permanence une quantité infinie d'informations. Nous ne remarquons que ce qui semble nous concerner, ce qui est en relation avec notre environnement. Nous évoluons dans une couche de la réalité, comme les autres animaux évoluent dans des couches différentes, voyant des choses différentes et réagissant en fonction de leur instinct ou de leurs apprentissages.

Un stimulus va déclencher un impact, traduit en pensées inconscientes, tris, sensations. Puis une décision va intervenir, sous forme de pensée consciente ou d'acte. Vous commencez à identifier ce processus. Une fois ôté ce qui découle du sexe, de l'âge, de la religion, du milieu social, que reste-t-il ? L'essentiel, ce qui fait votre particularité, votre identité.

Pour mieux connaître celle-ci, posez-vous quelques questions et, bien sûr, cherchez les croyances en relation avec les réponses :

✓ Qu'est-ce que je suis obligé(e) de faire dans ma vie ?
✓ Qu'est-ce que je suis certain(e) de faire toute ma vie ?
✓ Qu'est-ce que je ne peux m'empêcher de faire ?
✓ Qu'est-ce que je ne pourrais jamais faire ?
✓ Quelles croyances sont très fortes en moi ?
✓ Quelles croyances sont devenues inutiles ou nuisibles ?
✓ Quelles croyances m'amusent ?
✓ Quelles croyances déclenchent le bonheur ou la joie ?

J'ai abandonné un certain nombre de croyances au cours de mon évolution, comme d'anciennes peaux. Quand j'étais petit, j'ai cru au Père Noël, à la petite souris, aux œufs de Pâques déposés par des cloches, au Prince Charmant et à d'autres charmantes fariboles.

- ✓ Est-ce que j'y crois toujours, sous une forme différente : gros lot, Loto, Grand Soir ?
  Et derrière ces espoirs magiques, même si elles ont une chance infime de se réaliser, quelles sont les croyances qui les fabriquent et les maintiennent ?
- ✓ Si je n'y crois plus, quelles sont les croyances que j'ai abandonnées en cours de route ?
- ✓ Quelles sont mes croyances actuelles sur la chance, le hasard, le coup du sort, la baraka, le destin ? En dehors du gros lot qui se produit statistiquement, la chance est-elle une question d'attitude ? Ceux qui en ont davantage que moi croient-ils des choses différentes ?

Croyances et image de soi

EN PROGRESSANT DANS LA VIE, on fait coïncider l'image de soi et la réalité. Les croyances sont un merveilleux support de croissance, d'harmonisation, d'unification de la personnalité. On mesure mieux ses forces, on ne poursuit plus de buts inutiles.

- ✓ Dans quels moments suis-je moi-même ?
- ✓ Dans quels moments ne suis-je pas moi-même ?

- ✓ Est-ce que je joue un rôle et quelles croyances sont derrière celui-ci ?
- ✓ Est-ce que je n'ose pas et quelles croyances sont derrière cette attitude ?
- ✓ Est-ce que, tout simplement, je n'ai pas encore appris à le faire et quelles croyances vont me permettre de l'apprendre ?

Souvent, on s'estime incapable alors qu'on est… ignorant. Comme disait Chrétien de Troyes : *« Perceval, mon fils, il n'est rien d'étonnant à ne pas savoir ce que tu n'as pas appris. »*

Identité corporelle et représentation visuelle

L'IDENTITÉ est dans le centre du corps, les membres et la tête. C'est très concret. Mais l'identité est aussi dans le ventre, le cœur, le visage, la tête, dans l'expression, la parole, la gestuelle et les souvenirs. Mais là aussi, la réalité est filtrée par les croyances : des femmes belles ou des hommes beaux (selon l'opinion de la majorité) ne se trouvent pas si bien que cela. D'autres, moins bien, s'acceptent plus facilement. Combien de fois avons-nous vu des gens gâcher leur vie alors « qu'ils avaient tout pour être heureux » ! Tout, bien sûr, sauf les croyances indispensables au bonheur.

Faites le tour en pensée, des gens qui ont moins que vous, et ils sont très nombreux sur terre. Posez-vous ces questions :

- ✓ Si quelqu'un enviait ma vie, qu'est-ce qu'il croirait ?
- ✓ Que déciderait-il s'il vivait dans ma maison, avec ma voiture et mes appareils ménagers ?
- ✓ Ses croyances deviendraient-elles les mêmes que les miennes ?
- ✓ Si j'avais le physique d'un(e) autre, mes croyances seraient-elles les mêmes ? Si quelqu'un avait mon physique et mon éducation, croirait-il la même chose que moi ?

Par suite d'erreurs séculaires, nous avons pris l'habitude de séparer le corps et l'esprit, alors qu'ils fonctionnent en osmose. Une idée n'est pas seulement mentale, elle est aussi ressentie. Une croyance, une opinion peuvent sembler abstraites et intellectuelles, alors qu'à la base elles sont nées d'une émotion. Les émotions se transforment en certitudes. La plupart d'entre elles sont fondées sur l'affectif que nous avons rationalisé.

Cela explique les contradictions. On peut croire une chose et son contraire, selon les moments, selon nos besoins. Nous disposons d'une réserve de quelques dizaines de croyances que nous agençons plus ou moins habilement. Les contradictions ne sont pas forcément négatives, sauf si certaines croyances sont en désaccord profond avec le reste de notre identité.

Faites une représentation visuelle de vous-même et détectez les croyances qui créent telle image plutôt que telle autre.

Par exemple, vous vous imaginez en train de marcher dans la rue, au cinéma, en réunion, dans un magasin. Vous voyez-vous plus petit que vous n'êtes ? Plus grand ? Semblable aux autres ou différent ? Le décor est-il proche de la réalité ou déformé ? Quelles croyances créent ces images ?

Créez des représentations visuelles des gens que vous admirez, et notez les différences d'images et de croyances.

Maintenant, créez une représentation visuelle de vous, un peu plus proche de ce que vous souhaitez, par l'attitude, la façon de marcher, le poids – uniquement ce sur quoi vous pouvez agir, et non pas sur la taille ou l'âge.

Projections

ON APPELLE projections ce qui est en soi et qu'on préfère voir chez les autres. Cela ne veut pas dire, évidemment, que ce que l'on prête aux autres soit toujours personnel. Mais on peut projeter des pensées, en imaginant que les autres pensent ceci ou cela ; on peut leur prêter des sentiments, positifs ou négatifs. Des adolescents admirant une idole lui prêtent énormément de qualités qu'elle n'a pas ; ou des adultes s'en prenant à un bouc émissaire lui prêtent énormément de défauts.

Ces projections forment parfois des obstacles à la connaissance de soi-même. Dans ce cas, posez-vous ce genre de questions :

Si ceux que j'aime et ceux que je n'aime pas étaient des aspects de moi-même, lesquels choisirais-je de développer ? Si j'admire ou si je suis amoureux d'une personne exprimant un aspect de moi-même, comment concrétiser cette croyance ?

Cela explique pourquoi certaines personnes ont du mal à accepter les compliments, car cela ne correspond pas à l'image qu'elles ont d'elles-mêmes. Le commentaire intérieur est trop différent, elles ne se reconnaissent pas dans ce qu'on leur dit. Cela explique aussi pourquoi certains redoutent les critiques, qui résonnent avec le jugement secret sur eux-mêmes.

Si je n'aime pas les compliments, est-ce en rapport avec des expériences lointaines ? Quelles sont les croyances et les émotions qui m'empêchent d'apprécier les compliments ? (méfiance, modestie, énervement...)

Quelles sont les critiques que je redoute d'entendre ? Quelles croyances permettent à ces critiques de me faire mal ? Ai-je été blessé par certaines paroles, prononcées par qui ? Qu'est-ce qui peut les faire évoluer ?

Les croyances, de l'invisible devenu réel

LES CROYANCES sont transformées en forces agissantes. La « grille de lecture » du monde s'élargit, et vos croyances deviennent vraiment gagnantes. Ce qui peut s'améliorer :

- ✓ Ce que coûte dans ma vie le manque d'attention : …
- ✓ À quoi sert la vie ?
- ✓ À quoi sert ma vie ?
- ✓ Si tout était possible, qu'est-ce que je ferais ?
- ✓ Le mode de vie : …
- ✓ Le métier : …
- ✓ Les relations : …
- ✓ L'amour : …
- ✓ L'amitié : …
- ✓ Les activités : …
- ✓ La spiritualité : …
- ✓ Décrire trois choses qui me paraissent impossibles : …
- ✓ Pourquoi est-ce possible pour d'autres ?
- ✓ Décrire trois choses difficiles pour d'autres mais que je fais facilement : …
- ✓ Si je devais mourir dans six mois, comment vivrais-je ?
- ✓ Si je devais mourir ce soir, que ferais-je maintenant ?

Et bien sûr, observez les différences de croyances entre ces états.

Émotions et croyances

LES ÉMOTIONS ont été, elles aussi, choisies et renforcées selon des processus approximatifs. Elles ont entraîné des décisions et des croyances, qui à leur tour ont provoqué ou amplifié des émotions. De nouvelles décisions peuvent créer de nouvelles croyances, qui à leur tour créeront de nouvelles émotions. Comme on peut tout expliquer, tout justifier, tout rationaliser, on peut changer d'avis en étant assuré de changer de justifications. L'important n'est pas ce qui est vrai, puisque chacun a son idée sur la question, mais ce qui vous convient et ce qui convient à la société.

L'éducation, l'information, la propagande ont pour but d'entraîner des décisions. L'importance d'une décision est colossale. Et c'est un art que l'on apprend très peu, sauf dans quelques écoles de management, de police ou d'armée. Après avoir vécu selon les décisions des autres, on peut trouver des décisions plus actuelles :

✓ Mes décisions d'aujourd'hui par rapport aux études, à l'apprentissage, à la connaissance, et les croyances qui les sous-tendent : ...

- ✓ Mes décisions par rapport au mariage, à la vie sentimentale, et les croyances qui les maintiennent : …
- ✓ Mes décisions par rapport à l'engagement politique et social, et les croyances fondamentales qui sont derrière celles-ci : …
- ✓ Ma conception du monde, ce qu'est le monde d'après moi, à quoi servent le monde et mes grandes croyances sur le sens de la vie : …

Les conséquences sont immenses. Après une nouvelle décision, la croyance évolue dans l'invisible, dans l'inconscient ; puis elle commence à être visible à l'extérieur jusqu'à influencer positivement votre vie.

Les choses commencent dans l'esprit avant de s'incarner, dans le cœur, dans les paroles, dans les gestes, puis dans les objets et les réalisations pratiques. Quand on rêve de faire quelque chose, l'esprit commence par imaginer, le cerveau fait des représentations, puis prépare un plan pour y parvenir. De même, quand on veut quitter une situation, on visualise d'abord ce qui va se produire, puis on la réalise.

La visualisation dépend de nos croyances et la réalisation, plus encore.

Étudiez comment aujourd'hui vous choisissez votre travail, vos relations, vos activités. Remontez jusqu'aux décisions invisibles qui vont créer les visions, puis les rêves, puis les projets, puis les objectifs, puis leur réalisation. Vous pouvez aussi noter les croyances en relation avec chaque étape :

- ✓ Y a-t-il une vision qui m'inspire et me guide ?
- ✓ Ai-je des rêves à explorer ?
- ✓ Quels sont les projets qui me tiennent à cœur ?
- ✓ Quels sont mes objectifs pour cette année ?
- ✓ Quelles croyances permettent de les atteindre ?

Bien des personnes s'aperçoivent, un jour, qu'elles poursuivent l'objectif d'un autre ou un objectif qui ne les intéresse plus. L'éclaircissement des croyances permet d'éviter cet écueil…

Amplifier les croyances gagnantes

MAINTENANT vous en avez identifié un certain nombre. Pour les intensifier, agissez sur vos représentations internes, en vous faisant une image de vos croyances, à quoi elles ressemblent.

- ✓ Comment elles circulent dans votre corps :
- ✓ Ce que vous ressentez quand vous être sûr de croire quelque chose :
- ✓ Et la différence quand vous êtes sûr de ne pas croire :
- ✓ Les réussites de votre vie, les moments d'enthousiasme, les moments de certitude heureuse, quand vous semblez avoir des ailes, quand tout

vous sourit, quand vous traversez de longues périodes de bien-être : …

Prenez des exemples opposés, par exemple : *« Je crois que les pommes de terre font maigrir »*, étudiez comment vous le savez. Et *« Je crois que les pommes de terre font grossir »*, en étudiant comment vous le savez. Voyez si la structure des croyances, leur ordre, leur agencement sont les mêmes ; comment vous cherchez des exemples, des témoignages, pour illustrer ces croyances.

• *L'incitation :* en vous conseillant vous-même, par le dialogue interne, puisque c'est déjà ce que l'on fait. Incitez-vous à améliorer les croyances les plus utiles de votre vie. Félicitez-vous quand vous vous surprenez à être bienveillant envers vous.

• *La motivation :* imaginez par avance le résultat agréable, ce que vous allez obtenir et ressentir, tous les bienfaits pour vous et votre entourage. Les nouveaux automatismes agréables que vous créez.

• *La répétition :* pour remplacer une ancienne habitude de pensée par une autre, plus appropriée. Jusqu'à ce qu'elle devienne naturelle.

Souvenons-nous que le cerveau est obligé, pour interpréter le monde, de fournir de l'ancien, de la routine, du déjà connu. On s'appuie sur ses expériences passées, ses ressources, pour ne pas être obligé de tout reconsidérer à chaque instant. Notre interprétation spontanée est très approximative.

Que ces comportements nouveaux soient enregistrés en une seule fois, ou qu'ils résultent d'un processus à plus long terme, ils peuvent être amplifiés, par l'intérieur ou par l'extérieur. Il est plus durable d'avancer progressivement, en gardant le cap. Vos comportements agiront sur vos croyances, et inversement.

- ✓ Quelles croyances amplifier par rapport à l'amour : …
- ✓ Par rapport à l'argent : …
- ✓ Par rapport à la sexualité : …
- ✓ Par rapport à l'ambition : …
- ✓ Par rapport aux autres (détaillez : hommes, femmes, divers groupes, dans quelles circonstances) : …
- ✓ Par rapport à la souffrance : …
- ✓ Par rapport au plaisir : …

Continuez la liste de tout ce qui est important. Utilisez le désir comme un moteur qui fait passer de la vision à la réalisation. Le désir est la clé des plus grandes réalisations humaines.

Pensez à quelque chose que vous ne désirez pas, et observez ce qui se passe en vous, ce que vous vous dites, ce que vous ressentez, etc. Puis pensez à quelque chose que vous désirez fortement et voyez la différence.

Croyances et échange énergétique

D'UNE MANIÈRE ou d'une autre, nos croyances s'expriment par les mots ou le non-dit. Nos croyances sur les autres peuvent améliorer ou détériorer nos relations. Par exemple, quand on apprend à aimer quelqu'un que l'on n'aimait pas, l'on se dit :

« Je ne pensais pas qu'il était si bien, vraiment il gagne à être connu. »

Et quand on apprend à désaimer quelqu'un que l'on aimait, l'on se dit :

« Vraiment, cette personne a changé, je ne l'aurais jamais cru capable d'une telle bassesse, je suis déçu. »

On a aussi tendance à penser du bien des gens dont on attend quelque chose et du mal des gens à qui l'on doit quelque chose.

✓ Est-ce qu'actuellement je pense du bien d'une personne dont j'attends une satisfaction ?

✓ Est-ce que je me force à penser du bien de quelqu'un dont j'ai peur ?*

On pense souvent du mal des gens qui nous ont négligés ou humiliés.

✓ Quelques exemples : …

---

* Cf. le concept de « peur amoureuse » dans *Ne plus se laisser manipuler*, du même auteur, Genève, Éditions Jouvence, 2003.

Pensez maintenant à une personne que vous avez désiré, vos croyances d'alors, puis vos croyances si cette personne vous a rejeté. Ou le bien que l'on pense d'une société quand on espère s'y faire engager, et ce qu'on en pense si on se fait licencier.

✓ Quelques exemples : …

Le fait de changer d'opinion est habituel, et ne surprend qu'à moitié notre entourage. Nos amis nous écoutaient dire du bien de telle personne et, quelque temps plus tard, nous leur démontrons qu'il faut en penser du mal… Certains, d'ailleurs, après avoir bataillé pendant des mois pour nous faire adopter une opinion, vont de nouveau batailler pour la modifier. Les opinions sont la partie visible des croyances. Changer d'opinion, c'est parfois juste changer de masque. Donc, cherchez ce qui est derrière.

✓ Je crois que cette personne est bonne parce qu'au fond…

✓ Je crois que cette personne est affreuse parce qu'au fond…

✓ J'adore jouer au tennis avec cette personne parce qu'au fond…

✓ Je déteste jouer au tennis avec cette personne parce qu'au fond…

Amusez-vous avec d'autres croyances. Là encore, inutile de vous en vouloir si vous découvrez des aspects peu présentables de votre personnalité.

Restez bienveillant. L'authenticité libère plus sûrement que le jugement…

Croyances et métaphores

UN JEU D'ESPRIT INTÉRESSANT est de considérer que les croyances sont comme des *animaux*. Faites une liste de ceux qui vous paraissent crédibles, en fonction des croyances que vous avez détectées depuis le début de ce livre. Trouvez-en au moins une vingtaine : hibou, lion, serpent, tortue, chien, chat libellule, phoque, renard, caméléon, autruche, souris, aigle, etc. Choisissez les animaux que vous préférez et, aussi, ceux que vous détestez ou que vous craignez. La plupart du temps, la peur n'est pas objective, c'est une projection d'un aspect de soi-même. Craindre les araignées en Europe est absurde. C'est pourtant très répandu.

En face de chaque nom d'animal, indiquez comment cette croyance se manifeste dans votre vie. Ce sera d'autant plus éclairant si vous le faites dans un état d'esprit ludique. Par exemple :

« Ma croyance renard, c'est quand j'ai échappé aux peaux de banane que me tendait mon collègue… Ma croyance tortue, c'est quand j'achète des vêtements, je prends mon temps pour résister aux impulsions… Ma croyance chien, c'est quand j'aime inconditionnellement mes enfants… »

Peut-être avez-vous envie de maintenir, de réduire ou d'augmenter certaines de ses croyances. Vous pouvez aussi faire cet exercice en couple ou avec des amis, c'est très amusant.

Pourquoi est-ce que cela fonctionne ? Tout simplement parce que les animaux, depuis toujours, sont une source d'inspiration et de projection. Nous leur prêtons des qualités ou des défauts en rapport avec les nôtres ou avec celles de l'humanité. Ésope et La Fontaine ont ainsi exprimé des vérités fondamentales.

Une variante est de considérer vos croyances comme des *végétaux*: ma croyance rose, chêne, bambou, lilas, peuplier, marguerite, blé, pêche, orange, etc. Nous projetons aussi sur de nombreux végétaux des qualités ou des comportements humains. Cela facilite l'identification des processus invisibles en vous.

Une autre variante est de considérer vos croyances comme des *personnages*, héros réels ou de fiction, que vous admirez : ma croyance Monte Cristo, ma croyance Jean Valjean, ma croyance Scarlett O'Hara, ma croyance Tintin, ma croyance Napoléon, ma croyance Catherine de Russie, ma croyance Ulysse, ma croyance Jeanne d'Arc, ma croyance Christophe Colomb, ma croyance Charlie Chaplin, etc. Ceux que l'on admire sont des représentations externes de certains aspects de notre personnalité. Cette façon de procéder est aussi une aide puissante pour identifier son scénario de vie.

Faites une liste d'une trentaine de noms et, en face de chacun d'eux, indiquez les croyances associées, et en quoi elles agissent dans votre vie quotidienne.

Vous pouvez aussi raconter votre vie comme un *film*. Si un scénariste travaillait avec vous, vous seriez surpris du résultat. Qu'est-ce qu'il retiendrait ? Quelles croyances seraient très visibles ? Vous pouvez demander à plusieurs amis (indépendamment les uns des autres) de vous dire vos cinq principales croyances. Ce sera très éclairant.

Atelier de fabrication des croyances

Y AYANT RAREMENT SONGÉ, la création des croyances paraissait mystérieuse. À la différence du poisson, l'être humain commence à voir le milieu dans lequel il vit.

Avec l'expérience, vous constatez que ces processus ne sont pas si étrangers que cela. Vous descendez dans les émotions, dans les représentations que s'en fait le cerveau ; puis vous traduisez ces processus en mots, en expériences concrètes, pour faire apparaître ce qu'il y a derrière. L'expérience émotionnelle s'est secondarisée en abstraction pour devenir une croyance. En faisant le chemin inverse, vous remontez de la croyance vers l'expérience originelle ou vers les expériences successives qui lui ont donné naissance. Et c'est là que vous introduisez de nouvelles interprétations, plus actuelles, plus justes et plus utiles.

Avec les mêmes outils, la même matière première, nous fabriquons des vies très variées. Des expériences similaires nous conduisent à des conclusions radicalement différentes. Pourquoi ? Parce qu'en matière humaine, il n'y a pas de cause à effet systématique : tel événement n'entraîne pas nécessairement telle conséquence. Tout dépend de comment nous transformons ce qui nous arrive ; comment nous évoluons grâce aux embûches. On trouvera partout des gens qui sont nés sous les bombes et sont devenus terroristes, et d'autres qui sont nés sont les bombes et sont devenus pacifistes. Des gens dont les parents ont divorcé et qui divorcent, et des gens dont le couple est solide. Des gens dont le père était alcoolique et qui le sont, et des gens qui sont sobres.

C'est une bien mauvaise nouvelle pour les amateurs d'excuses : celles-ci ne valent pas cher ! Ce sont des masques, des cache-sexe, qui en disent long sur ce qu'elles prétendent cacher. Elles sont surtout destinées à nous donner bonne conscience, à nous justifier à nos propres yeux pour conserver une image de soi acceptable.

Maintenant, vous avez accès à l'atelier de fabrication des croyances. Vous avez vu les croyances du passé, les émotions qui ont entraîné les grandes décisions. De quoi vos croyances se composent-elles ? Ce ne sont pas des abstractions tombées du ciel et mystérieuses, mais des compositions de votre esprit…

Quels outils avez-vous remarqué, au cours de votre lecture, pour fabriquer des croyances ? Quels sont ceux qui marchent le mieux pour vous ?

✓ Entreprendre me paraît facile quand je crois que…

Continuez avec « étudier, aimer, renoncer à cela, adopter cela, essayer cela », etc.

Profitez-en pour vous frotter à des situations un peu inconfortables. Puis, quand vous avez acquis plus d'aisance, quittez votre zone de sécurité pour explorer le vaste monde. Je répète que vous ne risquez rien, puisque vous pourrez revenir aux croyances familières, le cas échéant. Maintenant que vous avez plus d'expérience, vous pouvez demander à vos proches comment ils s'y prennent pour croire quelque chose. La question est un peu surprenante, mais, passées les réponses bateau, vous arrivez au cœur de leur atelier. Pendant quelques jours, testez les outils qu'ils utilisent, voyez si vous pouvez croire la même chose et ce que cela déclenche dans votre vie.

La fin des freins

CERTAINS ÉVÉNEMENTS ont pu empêcher de s'exprimer, de réaliser ses rêves. Mais en les examinant, force est de constater que les freins sont souvent à l'intérieur de la tête et non dans le monde extérieur. Qu'est-ce qui explique que des individus voient des opportunités, des chances à saisir, des marchés à conquérir, alors que d'autres ne voient rien ? Question de filtres, donc de croyance. Pourquoi cela dure-t-il ?

Quelques questions peuvent être éclairantes dans votre vie, toujours dans un esprit de bienveillance :

✓ À qui pourrais-je donner ma vie, quelqu'un qui pourrait en faire un meilleur usage que moi ?
Si je devais vendre les années qui me restent à quelqu'un, quelles sont les capacités qu'il développerait à partir de ce que j'ai appris ?
Si un autre était dans ma vie, quelle vie mènerait-il ?

✓ Ou, si je devais être rattrapé par « la Mort » avec son voile noir et sa faux, que lui dirais-je pour avoir un répit ?

✓ À qui suis-je utile ? Que me reste-t-il à donner pour les années à venir ?
Qu'est-ce que je n'aime pas donner ?

« Méfiez-vous de ce que vous demandez aux dieux, il se pourrait qu'ils vous l'accordent ». Et c'est parfois pour ce qu'on aurait pu obtenir pour rien qu'on paie le plus cher. D'où l'intérêt de savoir si aujourd'hui ce que vous souhaitez est vraiment ce que vous souhaitez…

✓ *Ce que j'ai payé trop cher dans ma vie ou ce que je paie au juste prix (maintien ou perte d'une amitié, d'un amour, d'une relation ; travail ; rire, humour ; plaisir de vivre ; deuil interminable ; regrets inutiles ; sécurité affective ; etc.)…*

Vous pouvez faire une liste de ce qui vous a demandé trop d'efforts ou ce qui vous coûte trop, encore aujourd'hui. Puis, en face de chaque élément, inscrivez les croyances en rapport. Et faites la liste de ce qui ne vous coûte aucun effort. Quelles croyances sont derrière ?

La source des croyances

VOUS ÊTES EN TRAIN de devenir un expert de vos propres croyances. Vous avez, au début de ce livre, fait un exercice pour remonter à leur source.

Refaites-le en vous posant les questions suivantes et notez vos progrès :

✓ Quels sont les dix événements que je veux à tout prix éviter ?

- ✓ Quelles sont les dix émotions que je veux à tout prix éviter ?
- ✓ Quelles sont les dix expériences que je ne souhaite jamais vivre ?
- ✓ Quelles sont les dix personnes que je ne veux plus jamais rencontrer ?
  Et pourquoi ?

Et bien sûr, ce que vous souhaitez :

- ✓ Les dix événements que j'aimerais vivre : …
- ✓ Les dix émotions que j'aimerais connaître : …
- ✓ Les dix expériences qui me semblent indispensables : …
- ✓ Les dix souvenirs inoubliables, et quelles croyances font qu'ils sont inoubliables : …
- ✓ Les dix personnes (vivantes) que j'aimerais rencontrer de nouveau : …
- ✓ Les cinq croyances auxquelles je ne renoncerai jamais : …
- ✓ Les cinq croyances que j'ai l'intention de développer : …
- ✓ Ce que j'aimerais croire dans cinq ans, dans dix ans, dans vingt ans : …
- ✓ Ce que je vais faire chaque jour ou chaque semaine pour développer les croyances que je préfère : …

De la qualité des choix

SI L'ON VOUS PROPOSAIT plusieurs choix stupides, lesquels choisiriez-vous ? Par exemple, boire trois litres d'alcool puis conduire. Insulter son supérieur. Ne pas travailler assez pour obtenir une promotion. Faire sans cesse des reproches aux autres.

Absurde, bien sûr. Mais pourquoi certains le font-ils ? Qu'est-ce qui pousse un individu à conduire en état d'ivresse, à poser une bombe, à commettre un hold-up ? Par quelles croyances sont-ils animés ?

Maintenant, si l'on vous proposait plusieurs choix intelligents, lesquels choisiriez-vous ? Par exemple, prendre un taxi si vous êtes ivre. S'excuser auprès de son supérieur. Se faire aider pour mieux travailler en vue de la promotion. Se mordre la langue plutôt que de faire des reproches.

Vous constatez que les croyances mises en action sont bien différentes !

À la lumière de cet exemple, remontez jusqu'aux choix stupides de votre vie (s'il y en a… !) puis jusqu'à vos choix intelligents. Attention, restez bienveillant envers vous-même, ce sera plus efficace.

- ✓ J'ai été vraiment stupide lorsque j'ai… car je croyais alors que…
- ✓ Dans ce genre de situation… j'ai tendance à me comporter d'une manière stupide parce que je crois que…

✓ J'ai été vraiment intelligent(e) lorsque j'ai… car je crois que…
✓ Dans ce genre de situation… je me comporte intelligemment et ceci parce que je crois que…
✓ À l'avenir, je veux vivre tel événement… car je crois que…

Croyances et grandes forces

ÉTUDIONS maintenant ce qui vous donne le plus de force dans la vie, toujours, bien entendu, en relation avec les croyances.
✓ L'amour : …
✓ La religion : …
✓ La politique : …
✓ La philosophie : …
✓ La passion : …
✓ Le plaisir : …
✓ L'ambition, le dépassement : …

Trouvez vos forces principales, qui peuvent être différentes de celles-ci.

En vous fixant des objectifs de vie en accord avec ces forces principales, les doutes deviennent des moteurs. L'enthousiasme remplace les limites. Vos émotions sont des énergies, que vous pouvez utiliser, comme n'importe quelle forme d'énergie.

Croyances et réussite

La gestion des croyances permet de s'approcher de la réussite ou de la maintenir. Ce qu'on appelle « la réussite » est très personnel. Pour certains c'est l'amour, pour d'autres l'argent ou la puissance, l'équilibre, la vie au grand air, l'absence de contraintes, la réalisation de quelque chose, la vie familiale, etc.

Notez, face aux questions, les croyances qui apparaissent :
- ✓ Ai-je réussi ma vie ?
- ✓ Que faudrait-il que je croie pour la réussir mieux ?
- ✓ Quelles croyances puis-je réduire ou abandonner, pour la réussir mieux ?
- ✓ Ma vie ressemble-t-elle à mes croyances ?
- ✓ Ma réussite dépend-elle de mes croyances personnelles ou de l'appréciation des autres ?
- ✓ Qu'est-ce qui est gratuit et qui pourrait améliorer ma vie (amour, promenade, amitié, jeux…) ?
- ✓ Ce que je pense de moi, ce que je ressens de moi : est-ce conforme à ce que j'imaginais quand j'étais enfant ?
- ✓ S'il me manque quelque chose, quelle croyance peut me le procurer ? Que puis-je décider ? Qui peut m'inciter à réussir, exemple, modèle, ami… ?

Croyances et vocabulaire

PUISQUE les croyances sont exprimées par des mots, il est intéressant de voir si en changeant les mots, on influence les croyances.

Par exemple, au lieu de dire :

« Cette situation me tue ! », dire : *« Je suis très ennuyé ! »*

« Je n'en peux plus », dire : *« En ce moment, je suis fatigué. »*

« Je n'y arriverai jamais », dire : *« Je finirais par trouver la bonne méthode. »*

« Décidément, rien n'est possible », dire : *« La porte est encore invisible, mais elle existe. »*

Au début, cette méthode de recadrage semblera donner des résultats superficiels, qui se renforceront avec le temps : nous n'avons pas autre chose que les mots pour exprimer la réalité. Il est vrai que certains malheurs sont admis comme tels par tout le monde, et que l'orientation du vocabulaire n'y change rien. Mais ces malheurs, ces problèmes, ne représentent qu'un dixième à peine de ce que nous appelons problèmes.

Ce recadrage est un processus permanent. Quand nous vivons une situation pénible, nos amis nous incitent à prendre du recul, à patienter, à voir les choses différemment, à accepter, à aller de l'avant, à nous faire une raison, à tenter de nouveau notre chance. Et peu à peu les mots nous touchent, transformant les mots que nous utilisons, et nous ressentons autrement la situation.

Demandez-vous comment vos amis s'y prennent pour prendre du recul, patienter, etc., en trouvant à chaque fois des exemples précis.

Quelques expériences captivantes

À CE STADE, si vous avez pratiqué la plupart des exercices de ce livre, vous allez pouvoir vivre des moments très profonds.

Vous pouvez ouvrir une porte sur le passé, remonter le temps, retourner dans la maison et l'école de votre enfance, retrouver les sensations quand vous étiez dans les bras de votre mère.

Vous survolez votre vie, puis vous refaites le chemin jusqu'à aujourd'hui en modifiant les croyances que vous aviez alors.

Commencez par accepter votre milieu social, votre physique, votre éducation, etc. Accepter n'est pas approuver, c'est simplement ne pas rester bloqué dans le passé.

Chaque fois que, dans le passé, vous dénichez des croyances toxiques, transformez-les, réorientez-les.

Installez dans votre vie des croyances positives, un sentiment de bien-être et de puissance.

Quittez l'ennui, faites un pas de plus vers la vie qui vous ressemble, pour ne plus rester en deçà de soi-même. Prenez des décisions en accord avec votre expérience, prenez de nouveaux engagements que vous nourrissez par de petits actes fréquents.

Vous pouvez vous octroyer en week-end de méditation, en emportant les photos de famille, vos bulletins scolaires, quelques souvenirs que vous avez pu garder. Et faire un plan ou des dessins concernant les prochains mois.

Achetez le journal et demandez-vous ce qui vous concerne.

Achetez-vous un jouet qui vous aurait fait plaisir quand vous étiez enfant, quelque chose qu'on vous a refusé ou qu'on n'a pas pu vous offrir. Demandez-vous ce que cela aurait changé dans votre vie, si vous l'aviez oublié ou si, au contraire, il vous avait marqué. Demandez-vous quelles croyances génèrent l'envie, la frustration, la colère, la satisfaction, etc.

Faites une liste d'une dizaine de choses qui vous paraissent impossibles : sauter en parachute ou à l'élastique, aller seul au restaurant, parler à telle personne qui vous attire, rappeler une personne avec qui vous êtes fâché, etc.

Puis réalisez l'une de ces choses, celle que vos croyances permettent le plus facilement. Faites-le dès aujourd'hui, et notez ce qui se passe quand vous passez d'une vague intention à une réalisation, quelles croyances en sortent renforcées.

Imaginez votre mort : les gens présents à votre enterrement, les gens qui se feront excuser, les bonnes surprises, les réflexions sur vous, les déclarations « officielles » et les critiques cachées.

Rédigez votre éloge funèbre en une page, en vous amusant.

Rédigez un texte publicitaire, pour vous vendre au meilleur prix, en une page.

Imaginez l'enterrement des personnes que vous détestez, celles que vous aimez, celles que vous enviez. Par rapport à ces événements inéluctables, quelles croyances souhaitez-vous conserver ?

Imaginez que vous revenez de la mort après plusieurs mois d'absence. C'est une étrange sensation, comme au sortir d'un coma. Vous avez tout oublié. Un ange vous a octroyé de la vie en plus. Quelle vie voulez-vous et avec quelles croyances ?

Maintenant, savourez une impuissance totale, qui vous conduira ensuite vers la sérénité :

« De toute façon je suis déjà mort, la vie ne me doit rien, personne ne me doit rien. Donc je peux vivre uniquement l'essentiel. »

Faites une méditation sur les autres formes de vie : *« Si j'étais un papillon, un poisson, un dinosaure, etc., quelles seraient mes croyances ? »*

Autre méditation dont vous vérifiez le bien-fondé dans votre vie : *« Tout est inscrit, tout me concerne, tout à un sens, tout conduit à moi. »*

Ultime méditation : la vie est en train de vous apporter la récompense secrètement attendue depuis si longtemps, récompense qui dépend de vous… Quels signes avant-coureurs remarquez-vous ?

Comme vous l'avez vu, les croyances peuvent vous conduire au meilleur ou au pire. Ce ne sont pas des données naturelles, comme des montagnes ou des étoiles, mais des créations humaines destinées à évoluer. Elles peuvent devenir un plaisir et un amusement permanents, une source de curiosité et d'énergie. Chaque jour, réalisez un petit progrès qui développera vos croyances gagnantes. C'est votre trésor, en perpétuelle croissance. Ce sont des forces, à votre service.

Contacter l'auteur

BERNARD RAQUIN
organise des séminaires
de développement personnel.

Pour recevoir le programme, écrivez-lui à :
BP 168 – 75224 Paris CEDEX 05

Ou visitez son site web :
www.bernard-raquin.com

Du même auteur

Les styles de personnalité, Genève, Jouvence, 2004.
Rendez-vous avec l'intuition, Paris, Trédaniel, 2004.
Comment sortir de son corps, Paris, Trajectoire, 2004.
Ne plus se laisser manipuler, Genève, Jouvence, 2003.
La réconciliation, Genève, Jouvence, 2003.
Développez votre humour !, St-Jean-de-Braye, Dangles, 2003.
Rire pour vivre, les bienfaits du rire, St-Jean-de-Braye, Dangles, 2003.
Le jeu des vies antérieures, avec Mark Kucharz, Paris, Exergue, 2003.
Pratique de l'auto-hypnose, Genève, Jouvence, 2002.
Messages de l'après-vie (témoignage), Agnières, JMG, 2000.
Retrouvez vous-même vos vies antérieures, Paris, Trajectoire, 1998.
Vous pouvez sortir de votre corps, Paris, Presses du Châtelet, 1996.
L'homme de feu (roman), avec J.-G. Imbar, Paris, Carrère, 1987 (épuisé).
La vie est ici (roman), Paris, Mots d'Homme, 1986.
Chouans (novélisation), Paris, Calmann-Lévy, Paris, 1986.
Anti-suicide (essai), avec V. Péchin, Paris, La Table ronde, 1984.
Jésus de Manhattan (roman), Paris, La Table ronde, 1979 (épuisé).
Contingent Chagrin (roman), Paris, Hallier, 1978 (épuisé).

Du même auteur
dans la collection « Pratiques »

La réconciliation
Bernard Raquin
Réf. 70 • ISBN 2-88353-305-9

Ne plus se laisser manipuler
Bernard Raquin
Réf. 71 • ISBN 2-88353-306-7

Les styles de personnalité
Bernard Raquin
Réf. 86 • ISBN 2-88353-361-X

Des ouvrages clairs, des auteurs qualifiés, un prix imbattable… et déjà plus de quatre-vingt-dix titres disponibles !

Chaque volume, 96 pages, 4,90 € / 9 CHF

Se libérer des systèmes de croyances

Michael Misita

Vers la plénitude de l'être

Voici un livre étonnant qui montre comment aller au-delà de ses croyances toujours limitées, au lieu de troquer un paradigme pour un autre. Michael Misita propose de transcender la croyance pour accéder à la plénitude de l'être sans idées préconçues, en étant ouvert, disponible, totalement présent dans l'instant.

160 pages • 15,90 € / 28 CHF

www.editions-jouvence.com

Envie de bien-être ?
editions-jouvence.com
Le bon réflexe pour :

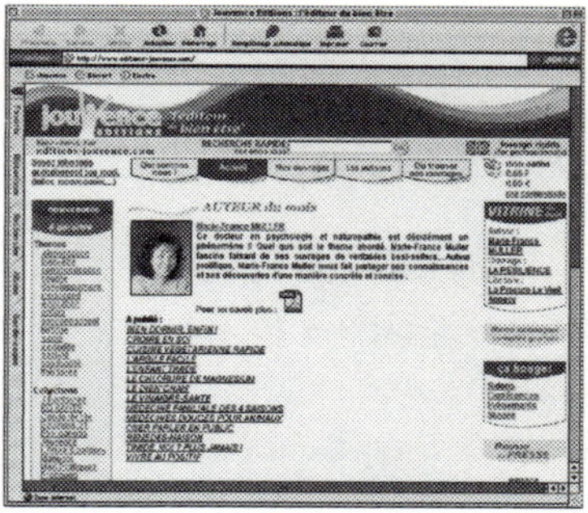

Être en prise directe :

- avec nos **nouveautés** (entre 30 et 40 par année),
- avec nos **auteurs** ; Jouvence attache beaucoup d'importance à la personnalité et à la qualité de ses auteurs,
- tout notre **catalogue**… plus de 250 titres disponibles,
- avec **les Éditions Jouvence** : en nous écrivant et en dialoguant avec nous. Nous y répondrons personnellement !

Mais aussi chaque mois :

- découvrir **le livre du mois** : chaque mois un livre est particulièrement mis en évidence et nous vous faisons partager notre enthousiasme,
- apprendre à mieux connaître **l'auteur du mois** : chaque mois un auteur est particulièrement mis en évidence. Interwievé, il parle de sa pensée, de ses projets, de ses coups de cœur,
- découvrir aussi **la librairie du mois** et ses particularités : il y a toujours, proche de chez vous, une librairie qui aime et connaît bien son métier. Elle saura vous conseiller.

Mais encore :

- **commander** vos livres dans une librairie proche de chez vous grâce à notre liste de librairies en France, Suisse, Belgique et Canada,
- **commander** en ligne,
- **communiquer** directement avec nos auteurs : vous trouverez leurs coordonnées postales, leur e-mail et site internet,
- **vous informer** en direct de leurs stages et conférences : nos auteurs sont à votre disposition, ils aiment à prolonger leur message par un enseignement direct.

Le site web de la découverte !

Demande de catalogue gratuit

Nom : .... Prénom : ....

Adresse : ....

....

Code postal : .... Ville : ....

❑ Je désire recevoir votre catalogue gratuit.

❑ Je désire être informé de vos publications.

À recopier ou à découper, puis à envoyer à l'une des deux adresses ci-dessous : **ÉDITIONS JOUVENCE**

Suisse : CP 184, CH-1233 Genève-Bernex

France : BP 7, F-74161 Saint-Julien-en-Genevois CEDEX

Dumas-Titoulet Imprimeurs
42000 Saint-Etienne
Dépôt légal : mai 2005
N° d'imprimeur : 42497 D

Imprimé en France